西樵歷史文化文獻叢書

南海九江朱氏家譜（五）

（清）朱次琦 朱宗琦 纂修

广西师范大学出版社
GUANGXI NORMAL UNIVERSITY PRESS
·桂林·

南海九江朱氏家譜卷八

七世孫學懋初輯

十世孫昌瑤纘脩

十五[illegible]

十六世孫士報

十五世孫士仁編校

十七世孫西長

十六世孫奎元 福元 顯元捐刊

墳塋譜　墓域一

周官墓大夫掌邦墓之地域令國民族葬而大司徒以本俗六安萬民一曰媺宮室二曰族墳墓鄭氏康成注謂各從其親同宗者生相近死相迫也然則王政之紀

使居焉而父子有秩兆焉而昭穆有班三代相傳而不變者其可識已吾廣村落中多著姓右族率襟帶祖墓而居廬井在前墳塋在後而莫昵近於吾家吾家南遷以來叢居部葬鮮遠棄先人廬墓者廣東新語所謂環祖宗之精爽以居人與鬼數十世毋相離也朝見祠而生敬而求神聚於陽莫見墓而生哀而求氣散於陰煙嵐之色不絶於目松楸之聲不絶於耳焄蒿之感不絶於心庶幾先王本俗之教歟厥後支緒益蕃兆域寖遠頗有隔離鄉縣以卜窀穸者蓋亦事勢使然而安親遂哀寧受渴葬之譏罕蹈停喪之繆先訓猶幾希有存今輒網羅累世塋域所在著於編其未知者姑闕焉兼錄

表誌懼湮也謹書方嚮臚實也或以用干支著墓地韓歐銘誌所無疑爲後世堪輿家傅會而非也唐侯官縣丞湯華大理司直郭思訓二誌已用之（湯誌稱歸葬於明州鄮縣龍山鄉江上里庚嚮之原郭誌稱遷合於洛陽北部鄉之原陪葬先塋之壬地）而蕭梁任孝恭祭古冢文有曰求圜石而無名討方甎而莫記封樹遭殄誰別羽商之家墳壟傾迴終迷庚癸之嚮是知干支定墓古也非今也作墳塋譜

墓域 以宗支爲次

始祖獻謀公妣闞氏合葬墓在本鄉西方龜山（山前郇古上沙里）內嚮申庚外嚮申坤墓碑題曰大元處士墓域明洪武三十一年戊寅建萬歷二年甲戌 國朝乾隆十九年甲戌

咸豐元年辛亥脩

有清南海九江上沙朱氏祖塋禁約碑

惟道光二十有八年正月既望南海九江上沙朱氏族紳　賜同進士出身在籍山西知縣次琦暨族中舉貢生監職員儒士耆老等重申永遠禁約上沙龜山原係世居稅地高平廣朗四至分明惟地屬　祖塋宜昭整肅且從前祔葬昭穆久定豈容妄有僭踰外姦罔任侵漁後嗣反滋隕越揆諸倫理悖誕何堪累代以來奉有　明禁本山界址之內止許脩理故兆毋得攢瘞新墳敢有抗違治以家法歷經遵守婦孺咸知今恐日久玩生亟申永遠禁約告我族眾人等

祖塋嚴邃家法脩明永須恪守條章愼勿自干罪戾謹約

道光二十八年歲在戊申二月乙巳朔三日丁未建

謹按世紀及舊譜均謂始祖獻謀府君長於元時老於明代其墓域且建於洪武三十一年而墓碑仍題大元處士（祠主亦曰大元）殆以踐食新朝眷懷故國儻亦汐社爲宋遺民柴桑稱晉徵士之意歟（陶淵明卒於宋元嘉四年顏延之身爲宋臣而其作誄直云有晉徵士又顏之推歷齊周至隋而所著顏氏家訓猶稱梁爲本朝胡三省注資治通鑑書成於元至元中猶稱宋曰我宋古人自守往往如此）而其時禁網疏闊亦並不以爲嫌蓋朝

廷寬大之德與臣子靖獻之忠百代下猶當起人欽矚厥後我家忠臣清吏世德作求皆府君節槪有以開之此世世萬子孫所當永念者也

又按隸續載漢人眞道冢地殘碑云延熹五年七月中旬眞道字直中以錢八千從有親眞敖字政直直弟政升升二從弟漢宗市冢地廣廿二丈北行廣皆如前錢付畢又云諸存子孫北行不得作冢可示後世又云勉崇孝道先人之約不得違犯云云則墳塋禁約自古有之

又按合葬之制禮記謂周公以來未之有改又云周公蓋祔然則合葬始於周公也古人合葬不惟同穴而且同椁蓋取相親之意記又謂衞人之祔也離之魯人之祔也合之孔子獨以爲善所謂離之者亦非異其椁特一椁而中爲二室云爾合之則無有隔於兩棺之間者而孔子所善在此是合葬當同椁也後世古法漸亡同椁之制久不講朱子謂古人椁大可容兩棺今人椁小不能容然則自宋以來所謂合葬者特同穴耳吾廣前明合葬之冢多用甎

甓甃穴使兩棺同壙　國朝以後迺棺各異壙而穴不相通古意益遠矣然司馬溫公作東坡子由母程夫人墓誌謂蜀人之祔也同壟而異壙正與吾廣今制同知風俗所趣賢者亦難遽返也

又按周禮冢人掌公墓之地辨其兆域而爲之圖墓大夫掌邦墓之地域爲之圖潘昂霄金石例引古金石例云墓圖作方石碑先畫墓圖有作圜象者內畫墓樣各標其穴某人其石嵌之祭堂壁上無祭堂則嵌闈牆上（原注韓魏公父墓圖今有此石歲久卧之牆外）按廣中

墳墓不立祭堂亦無圍牆周帀故墓圖鮮

立

二世上沙公妣關氏合葬墓在本鄉西方龜山申庚嚮敬齋公祔葬墓內詳下墓域 國朝道光二十年庚子脩

性夫公妣關氏合葬墓在本鄉西方龜山酉辛嚮墓域明

萬歷十年壬午 國朝道光十四年甲午脩

正夫公妣李氏合葬墓在本鄉牛山巳丙嚮上爲始遷祖詳姓族源流

墓域明宣德元年丙午建萬歷二年甲戌 國朝道光

十八年戊戌脩墓表戶部員外郎崔吉撰

明處士正夫朱公偕配安人李氏合葬墓表

賜進士出身戶部員外郎眷晚生崔吉頓首拜撰

幷書

朱君絅庵讓登今甲戌進士拜官榮旋欲表其祖稅達翁之墓此固仁人孝子之用心也以余屬戚末知公之德甚悉攜其仲兄別駕君謨所爲狀謂余曰吾同年翰林幼峯余君既匾吾祖之祠曰繹思堂今欲得子之文揭於墓以終繹思之義余按狀公之先始自雄州遷於南海九江上沙里逮公三世矣公長於

國初際時昇平優游泉石日事二親承顏順志可謂曰孝與兄原達善達從容怡愉居無忤言可謂曰友其内姪李幼而孤人有欲奪其業者公撫之如子竟存其業可謂有恤孤之仁至其自處剛毅沈默不

以貪欲自污可謂有立身之義夫不出里閈四德咸備余聞厚積而不施者厥後必昌今芳孫絅庵輩相繼顯庸而待用於庠者又皆緜緜未艾子姓之蕃文藻之盛皆公積德累仁之自也是可以繹思矣厥考諱子議厥妣關氏厥配李氏迺大同古巷鉅族也承順之德與公媲美云生男一曰南旺女一適順德大晚馮門公卒厥男奉公偕安人合葬睡牛山巳丙嚮陪於祖墓前烏虖蘊此四德弗耀於身迺顯於後宜表其墓以垂不朽若夫公之世系詳於家譜茲不復贅焉

萬歷二年歲次甲戌十一月初三日

廣東通志崔吉三水縣籍南海縣人嘉靖三十五年丙辰進士按崔吉沙頭鄉人絅庵公姊壻
即正夫公
來孫壻也

謹按曾南豐云碑表立於墓上誌銘則藴於壙中此誌銘與碑表之别也考碑之爲制始於宗廟麗牲宫庭測景之石自秦以來因於其上紀功德而未用於葬地葬之用碑古以木爲之所謂豐碑桓楹是也用以縣棺下窆漢以後始有神道碑其文止曰某官神道之碑立於兆之東南漢楊震碑題漢故太尉楊公神道碑銘即神道碑命名所自起蓋地理家以東南方爲神所出游之地故以爲名亦閒有刻

文表墓者（漢景君墓表題故謁者景君墓表郎墓表命名所自起）歴魏晉南北朝其文益繁朝廷且爲立制（隋制五品以上立碑不得過四尺載在喪葬令唐開元禮五品以上聽立碑螭首龜趺七品以上立碣圭首方趺又見唐律疏）此立於墓上者也墓之有誌齊王儉謂起於宋元嘉中顏延之爲王琳作石誌此則不然前漢杜子夏臨終刻石薶於墓前（西京雜記前漢杜子夏臨終作文命刻石薶於墓前日魏郡杜鄴立志忠款犬馬未陳奄先草露骨肉歸于土魂無所不之何必故邱然後即化長安北郭此焉宴息）又南宮寢殿得王史威長葬銘（博物志西漢南宮殿內得王史威長葬銘曰明明哲士知存知亡崇隴原野非寧非康不封不樹作靈垂光厥銘何依王史威長亦見學齋佔畢）魏繆

襲改葬父母製墓下藴文欲後人有所聞知則漢魏以來已有誌銘不始於宋至於比干銅盤（見薛尚功鐘鼎款識）衞靈石椁（見莊子）則好事者爲之不足據也誌文之作蓋慮後世陵谷變遷冢爲人發此石先出或能見而掩之或遷徙流離子孫迷其故處或發而得之（費袞謂韓魏公四代祖葬博野子孫避地遂忘所在公既貴始尋求命其子祭而開壙各得誌銘然後信）此藴於壙中者也惟南史裴子野卒宋湘東王作墓誌銘藏於壙內邵陵王又作墓誌列於羨道羨道列誌自此始又唐范傳正作李白新墓銘刻二石

一置壙中一表道上而碑誌遂無幽顯之分王氏芑孫謂晉保母誌高廣僅一尺一寸隋郭雲銘高僅一尺二寸五分廣僅六寸七分壙中地隘不容巨石自無長篇韓柳大放厥辭不逾千字宋元以後迺爛漫數千言殆皆刊列於外耳然則明代至今碑表誌銘多並揭墓外有自來矣今畧疏古今遷貿於此

又按金石要例謂婦人從夫故誌合葬者只書某官某公墓誌或墓表不書曁配某氏蓋祖述王止仲墓銘舉例之說後來承

學古文者多主之而其謂自唐至元皆無標題內夫婦同列者此當起於近世王慎中集集有處士陳東莊公暨配黎氏墓表則考据殊疏唐碑中垂拱四年有澤王府主簿梁府君并夫人唐氏墓誌銘永貞元年有雲麾將軍河南府押衙張府君夫人上黨樊氏墓誌銘開成六年有貝州永濟縣故馬公郝氏二夫人墓誌銘會昌四年有故尹府君朱氏夫人墓誌銘大中十二年有滎陽鄭府君博陵崔氏合祔墓誌銘其標題皆夫婦雙書故讀禮通考亦以止仲之言爲非是蓋

此等原無關大義文家或本韓歐不書暨配或通俗文字夫婦並書俱無達例耳

又按漢碑無書撰人姓名者十之九其有列撰而不列書者卜允撰費鳳碑鄭彬撰張公神碑是也列書而不列撰者紀伯允書武班碑是也惟郙閣頌分列仇靖爲此頌仇紼爲此書卽後世結銜列某人撰某人書所自始西狹頌單列仇靖書文書文云者揮翰屬文一人爲之也此後世稱某人撰并書所自始至於自加稱謂漢魏人惟有故吏義民義士門生門童門孫等稱

洎唐徐浩碑稱表姪張平叔顏魯公撰殷
君夫人碑自稱姪男裴胐撰祠部員外郎
裴君誌自稱族叔後世書撰碑版姓名之
上或自加稱謂則唐人例也
又按正夫公墓左有馮朱氏墓俗稱大晚姑婆山墓域 國朝道光七年丁亥脩朱氏爲正夫公女適大晚
村今隸順德縣馮族歸寧卒於母家葬焉馮氏
子孫歲來展墓
三世麇生徵仕郎寅齋公墓在新會帽子嶺今隸鶴山縣墓域明宣
德七年壬子建據舊譜脩妣馮氏別葬本鄉西方龜山申庚
嚮墓域明正統六年辛酉建 國朝道光二十年庚子

脩

謹按漢石刻有趙國相雝府君石闕文云
高祖父實孝廉河南令侍御史九江太守
孝廉者出身之資也河南令侍御史九江
太守者所歷內外之任也然則紀官職而
兼書出身迺古金石家通例
又按廣東通志雍正九年分新會開平兩
縣地置鶴山縣故我家塋墓舊在新會者
多隸鶴山

元亮公妣陳氏合葬墓在本鄉蝸山（鄉志作花山）玉帶基申庚
嚮　介庵公汝玉公上林公東園公前灣公一洲
公念洲公內江公各墓分祔左右並詳下

存誠公妣盧氏繼妣葉氏合葬墓在本鄉西方龜山酉辛
嚮墓域明天順六年壬午建萬歷十年壬午　國朝道
光二十年庚子脩
伯呂公脩墓新碑題存信公妣左氏合葬墓在本鄉西方龜山酉辛
嚮墓域明宣德八年癸丑建萬歷十年壬午　國朝道
光二十八年戊申脩
隔川公妣馮氏合葬庶妣潘氏陪葬墓在本鄉西方龜山
乾亥嚮墓域明天順二年戊寅建嘉靖十九年庚子萬
歷二十一年癸巳　國朝道光十七年丁酉脩繼妣何
氏別葬墓左同嚮墓域明成化二十一年乙巳建嘉靖
十九年庚子萬歷二十一年癸巳　國朝道光十七年

丁酉脩前塘公墓遷祔墓下詳下

四世敬齋公妣區氏合葬墓在本鄉西方龜山申庚嚮祔葬上沙公墓

墓域　國朝道光二十年庚子脩

介庵公妣潘氏合葬墓在本鄉蝸山鄉志作花山玉帶基申庚

嚮

保公字號佚墓在本鄉西方龜山辛酉嚮墓域　國朝道光

二十二年壬寅脩

定伯公妣周氏繼妣梁氏合葬墓在本鄉西方龜山辛酉

嚮墓域　國朝咸豐元年辛亥脩

誠男公妣葉氏繼妣嚴氏合葬墓在本鄉西方龜山酉辛

嚮墓域明成化二十三年丁未建　國朝嘉慶五年庚

申脩

直塘公妣康氏合葬墓在本鄉西方龜山酉辛嚮

方塘公妣周氏合葬墓在本鄉蝸山（鄉志作花山）辛酉嚮墓域

國朝道光二十四年甲辰脩

直庵公妣曾氏合葬墓在鎭涌銀坑（又名仁坑）巨蛇嶺（又名蚺蛇山）癸嚮墓域明嘉靖二十二年癸卯建萬歷十五年丁亥脩荔莊公及荔莊公繼妣任氏南川公及南川公妣李氏蘆溪公玉台公靖夫公樂賓公各墓分祔左方下方並詳下道光二十九年有勞姓石姓人串盜墓地數丈呈縣控追蒙縣主馮察核移主簿趙履勘丈量飭令豎桄石桄十一條每長四尺闊一尺字大一寸八分刻云道光三十年四月奉憲勘明朱姓山地上寬六丈五尺下寬十二丈七尺左長十六丈七尺右長十六丈八尺存案永據

華峯公妣關氏合葬墓在西樵山火石逕（據舊譜脩）

靜齋公妣關氏合葬墓在西樵山滑石坑據舊譜脩

南塘公妣潘氏合葬墓在新會沙涌村紗帽山今隸鶴山縣亥壬嚮墓域明嘉靖十一年壬辰建十八年己亥萬歷二年甲戌　國朝乾隆十二年丁卯道光十一年辛卯脩

公所公蒲泉公兩墓祔墓下之右並詳下墓地自南塘公護嶺至左後界七丈六尺五寸至右後界十一丈一尺四寸係左後界至公所公墓前欄口十丈零九尺係右後界至蒲泉公墓右前界十六丈三尺五寸前東至前西八丈一尺六寸

謹按南塘公墓原在西樵山嘉靖壬辰遷從今所事係詳關明府仰旒公所公墓誌

又按戰國策魏惠王死大雪太子不改葬期惠施謂太子曰昔王季葬於禁山之尾

欒水嚙其墓見棺之前和文王曰先王欲一見羣臣百姓也出而張朝三日而後更葬呂氏春秋謂葬於渦山之尾初學記作渦山論衡作滑山禮記中庸追王大王王季孔氏正義曰武王追王周公改葬以王禮左傳隱公元年冬十月改葬惠公惠公之薨也有宋師太子少葬故有闕是以改葬穀梁傳改葬之禮緦舉下緬也喪服記改葬服緦是改葬之事始於文王周公著於禮典也然古人改葬蓋出於不得已鄭康成謂墳墓以它故崩壞將亡失尸柩者韓昌黎亦謂山陁泉涌毀其

墓及葬不備禮者故繼公亦云或以鄉者之葬不能如禮如晉惠公於共世子之類是也據關仰旒公所朱先生墓誌南塘公初窆西樵數年後厥嗣公所因祔葬其母啟穴得泉痛哭遷葬與文王故事康成昌黎諸大儒所議情節正同所繇與後世惑溺者流以遷就風水輕動先人之體魄者異矣唐開元禮明集禮皆有改葬儀、大清通禮據儀禮制爲改葬緦之服大清律例凡有故而依禮遷葬者不坐罪

月塘公妣潘氏合葬墓在順德龍山鄉鐵鑪岡乾亥嚮繼妣梁氏祔葬墓前墓域明宏治十七年甲子建嘉靖二

十一年壬寅　國朝乾隆四十七年壬寅脩綱齋公墓祔墓左詳

下

前塘公妣　詔旌節婦黃氏合葬墓原在新會黃竹山蓮花峯壬子嚮墓域明嘉靖四十二年癸亥建墓表太湖知縣羅憲撰誠齋公祔葬墓左據舊譜脩　國朝雍正元年癸卯遷回本鄉西方龜山隔川公墓下亥壬嚮誠齋公並遷祔墓內詳下

明處士前塘朱公偕配　詔旌節婦黃氏墓表

文林郎知南京安慶府太湖縣事里人羅憲撰

天之眷佑善良不榮其身必顯其後余於前塘朱公有足徵焉公諱仕志字願佐號前塘世居南海九江上沙里氣宇豪放豁達不羈素履清致塵污不染耕

讀之餘遨游湖海以自適與鄉人處同人無我羣處兄弟友愛怡怡合人仰慕敬重不忍欺慢其善良君子乎安人黃氏迺本鄉加贈中憲大夫南京太常寺少卿前贈北京戶科都給事中友梅黃公安定之妹也德容端肅寧靜慎默宜室宜家克諧以敬公蚤棄世抱孤三月誓志守義偕德共姜堅歷清苦四十餘年動遵禮法無故不出中堂此節行表表女中君子者也鄉人莫不擊節歎羨嘉靖癸未耆老舉薦於邑邑侯李公源以安人志行可嘉實關風化合應表揚勵俗申行撫按司道詳允徑自奏　聞甲申歲大宗伯席公書　題奉俞行覆勘覈實方伯林公富僉憲

李公中奉此兩陳奏疏歲乙酉蒙　聖恩旌表節婦
豎立牌坊仍蠲免丁役以供侍養其生也榮矣公生
於景泰辛未十一月初三日卒於成化壬寅六月十
六日享年三十有二安人生於正統戊辰九月初五
日卒於嘉靖丁酉十二月十六日享壽九十貞德之
驗如此夫公卒數紀厥配迺蒙　旌表善良之應可
徵矣嘉靖癸亥冬迺孫繇樵嶺改葬公於新會黃竹
山蓮花峯之原安人合葬公之左焉前塘翁迺憲先
君故友誠齋公家君也余家食時傳聞里中父老談
論迺翁昔年履歷安人貞德光耀閭閈余猶親睹其
盛善良節義兩相媲美良可嘉也謹表而出之

嘉靖四十二年歲次癸亥十二月十七日廣東通志羅憲南海縣人嘉靖十三年甲午舉人少見九江鄉志

五世稟生蒙庵公妣關氏合葬墓在黃岡銀坑又名仁坑丑嚮 國朝道光十九年己亥脩墓改嚮癸丑墓地上下俱闊四丈五尺自后土至拜臺下左右俱長八丈

林叟公妣關氏合葬墓在本鄉西方龜山申庚嚮墓域明嘉靖二十七年戊寅建萬歷三十二年甲辰脩

公爵公妣陳氏合葬墓在本鄉月山上月角丁嚮

汝玉公妣胡氏合葬墓在本鄉蝸山鄉志作花山玉帶基申庚嚮

月梅公墓在本鄉西方龜山據舊譜脩

靜臺公妣何氏合葬墓在本鄉西方龜山辛酉嚮墓域明

成化十七年辛丑建　國朝道光二十二年壬寅脩

北莊公妣曾氏繼妣夏氏合葬墓在本鄉西方龜山坤申

嚮墓域明宏治十八年乙丑建

增生遁齋公妣陳氏合葬墓在黃岡銀坑又名仁坑丑艮嚮南江

公祔葬墓內詳下墓地闊三丈長三丈

東昇公妣梁氏合葬墓在新會水口墳墩岡今隸鶴山縣據舊譜脩

秋圃公妣關氏合葬墓在新會沙田墳子岡又名昆子岡癸嚮

墓域明萬歷二十七年己亥建墓地上下俱闊二丈三尺五寸自護嶺至欄口

左右俱長二丈欄口外餘地偏左闊一丈七尺五寸長八尺

謹按秋圃公墓久失祭裔孫按舊譜於咸

豐十年庚申尋獲碑文尙完

秋澗公妣張氏合葬墓在本鄉月山據舊譜脩

崑山公繼妣左氏合葬墓在本鄉蝸山鄉志作花山辛酉嚮墓域　國朝道光二十四年甲辰脩妣周氏墓佚

玩峯公妣關氏合葬墓在本鄉蝸山鄉志作花山辛酉嚮邦裔公惟任公節吾公樸庵公祔葬墓內並詳下肇慶府儒學教授裔孫道南題墓域　國朝道光三十年庚戌脩

陳江公妣鄧氏合葬墓在大同相士岡據舊譜脩

荔莊公妣馮氏合葬墓在鎮涌銀坑又名仁坑巨蛇嶺又名蚺蛇山

直庵公墓左癸嚮墓域明嘉靖二年癸未建二十二年癸卯萬歷十五年丁亥脩墓誌銘山東右布政使劉士

奇撰繼妣任氏別葬墓左同鄉

明處士荔莊朱公偕配安人馮氏合葬墓誌銘

賜進士出身前中大夫山東布政使司右布政使

致仕石橋劉士奇撰

公諱敬字遜之荔莊其別號也其先於宋咸淳年間

繇南雄遷於南海遂家焉再傳至子議者生稅達稅

達生南旺南旺生毅毅生公公生於正統乙丑年八

月二十五日卒於宏治庚申年三月初六日享年五

十有六歲其生平素履律已以厚與物以公樂善循

理有淳古風配巨族鴻氏新會粵塘馮虎女也氏生

於正統丁卯年十二月十五日卒於成化辛丑年十

二月初一日享年三十有五歲自歸公家孝敬勤儉
以是婦德爲朱門首稱惜天靳其壽而蚤世公廼續
弦於大塘任氏今葬於公之左者其墓是也公四子
長世芳次世俊次世彦皆馮氏所生次世奇任氏所
出友愛雍睦庭無閒言惟世芳少游於庠晚隱於家
無遷乎公之世德焉女三長適岑次適熊次適劉皆
爲可妻至於孫輩凡十有一人惟佐補庠弟子員學
洪賢浩高聖禮遠衷滔亦皆可教曾孫則自昂偉以
下其麗未可盡紀咸勵翼於儒業行將有遠到顯揚
之望者矣昔人謂族大於子孫之才其荔莊公之謂
乎先是嘉靖癸未合葬於黄岡巨蛇嶺癸嚮之原越

今癸卯季冬之吉公嗣披舊域而飾之踵余求誌余以休老林泉久荒筆硯且於公之生也後先不佯然念惟公嗣嫺親攸屬悉公遺行遺德也久矣義不容默遂著其畧而爲之銘銘曰

混沌邈矣孰悟其眞厥惟荔莊超邁等倫輕榮好古厚志薄身公配賢淑惟德是行公還造化芳譽弗淪烏虖蛇嶺峩峩芳接漢青銀泉濬流芳聲泠泠勝概攸萃芳自天成冢壘千年芳同坤寧

嘉靖二十二年歲次癸卯十二月吉日

廣東通志劉士奇順德縣人正德十二年丁丑進士

直齋公妣關氏合葬墓在新會沙田據舊譜脩

魯齋公妣關氏合葬墓在新會螺山據舊譜脩

逵齋公妣梁氏合葬墓在新會大雁山據舊譜脩

汝顯公妣何氏合葬墓在西樵山滑石坑據舊譜脩

汝文公妣陳氏合葬墓在西樵山滑石坑據舊譜脩

壽官林坡公妣鄧氏合葬墓在新會及洲村黃塘山今隸鶴山縣寅甲嚮墓域明隆慶四年庚午建萬歷二十六年戊戌國朝乾隆二十九年甲申脩墓誌銘戶部主事楊瑞雲撰墓地闊一丈九尺長三丈九尺

明壽官林坡朱公偕配安人鄧氏合葬墓誌銘

賜進士第承德郎戶部山東清吏司主事邑人楊瑞雲頓首拜撰

曾孫完篆額并書丹

壽官林坡朱公配鄧氏合葬新會黄塘原蓋三十年所矣厥孫太守公讓以余忝年家世誼習聞公家隱德懇余誌其墓不敢以不文辭也按狀公諱廷昭字國明號林坡山人先世爲南雄珠璣巷人宋末有元龍公始遷南海遂占籍九江上沙里元龍生子議大振家業甲里中子議生稅達稅達生南旺南旺生仕清號南塘蓋彬彬乎儒雅矣公則南塘長子也稟性端諒言語必信少小家庭以孝友稱延接缺者倍加禮焉時與薦紳先生游如給諫黄公重其深交也交游無論顯晦有不軌於道輒盡言無諱人咸稱爲大

聲公云鄉閭有水火盜賊之警挺身赴救必先有爭
訟咸於公質成其久持兩端不決者細諭以利害不
息其爭不止也故里中無論親疏大小悉德公公諳
堪輿睹大洲鍾氣獨厚謂諸弟曰此地當出賢哲遂
卜宅焉時諸弟姪在庠序者七八人不一第諸孫嬉
戲公作而言曰天寧限我邪特人事未旣耳遂捐貲
訪名師訓諸孫昕夕親課程焉不數禩而諸孫游庠
者三俱髫年大有赫赫聲比公仙游後而湖州別駕
公謨以貢生領鄉薦非公所陶成者哉公屬纊先一
晨語厥配諭子女各退獨呼一僕具巾櫛起沐浴衣
冠坐正寢卒其生平清脩好潔大都類此鄧氏出新

會粵塘巨族幼嫻姆訓四善三從靡不通曉嬪公門
夫妻相敬如賓尤勤雞鳴之警戒悖雜佩之問遺祇
奉翁姑和諧妯娌惟待子女絕無姑息態林坡公先
卒次子今贈主事白川公又卒嘗謂其婦贈安人郭
氏曰而夫蚤世而子不教家胡賴焉贈安人唯唯自
是姑婦日督兒嚮學時太守讓僅四歲朝暮往書齋
必經大母所大母時啖之果餌誘以篤學語諄諄然
太守公閒有懶狀太母且罵且泣人謂安人有丈夫
識也公生於成化辛卯七月十三日卒於嘉靖丁酉
七月初九日壽六十七安人生於成化丁亥缺月二缺
字日卒於嘉靖戊申三月二十一日壽八十二男二

長文重郎別駕謨之女次文直贈南京戶部主事郎
太守讓之女女三人一適黃鸞無嗣一適庠生岑鼎
一適關沛僅兩月而卒遺腹孕孤竟守志焉孫十誥
庠生謨領壬子鄉薦任浙江湖州府通判諫庠生詵
諒諶諤讓登萬歷甲戌進士歷宰南平臨川南京戶
部主事員外郎中夔州太守養重邱園詠謀曾元孫
樵完思兼田疇甸端御端士端履俱庠生建勳武舉
蘭玉芬芳駸駸乎未艾也先於隆慶庚午年十二月
二十一日奉公偕鄧氏合葬於新會黃塘山寅甲嚮
之原今重脩其墓爰爲之誌銘銘曰
嗟嗟林坡百夫之特範俗表閭鹿門齊德施于孫子

蘭桂華實冠裳詞翰世鮮其匹萬載黃塘松檜瑟瑟

萬歷二十六年歲次戊戌夏五月初三日

廣東通志楊瑞雲南海縣人萬歷二年甲戌進士

謹按碑有篆額亦自漢人始漢碑首或刻螭虎龍雀以爲飾或無它飾直爲圭首方銳圜楕不一其制圭首有字謂之額篆字謂之篆額隸字謂之題額亦竟有無額者篆額如帝堯碑之類題額如楚相孫君碑之類無額如孔廟置百石卒史碑之類唐宋以後其撰書篆額分爲之者如唐夫子廟堂記程浩撰顏眞卿書徐浩篆額是也

兼爲之者如唐白道生碑摯宗書并篆額

金重脩蜀先主廟碑王庭筠撰書篆是也

壽官公所公妣葉氏合葬墓在新會沙涌村紗帽山（今隸鶴山縣）南塘公墓下亥壬嚮墓域明萬歷三十一年癸卯建

墓誌銘青田知縣關仰旒撰

明壽官公所朱先生偕配安人葉氏合葬墓誌銘

文林郎知浙江處州府青田縣事訥庵關仰旒

撰

公所翁者余鄉先逸也余蚤歲締交厥孫次顏氏獲聞翁素履甚悉翁先建石頭余業爲誌銘顏石上今冬翁改葬紗帽山而曾孫必造元孫起朝等仍以文

請余叅在通家義不容以喋喋辭按翁姓朱氏諱廷
安字國寍別號公所其先凌江人宋季始遷南海九
江上沙里曾祖諱稅達祖諱南旺父諱仕清號南塘
居士母潘氏安人生翁兄弟三人翁居仲生而翹楚
任俠好義有里豪攫奪人產人訴於翁翁鳴鼓攻之
竟還其產然里豪亦以此憾翁欲誣以事翁曰吾直
在理遑恤其它卒鉏其暴者翁力也以故鄉中事無
鉅細輒往質之居然有陳王之風焉戸以糧長應役
北貢人咸苦之翁曰往役義也迺命其子文捷孫學
裕以行而誠以終事族議建祠經年不決翁毅然曰
是誠在我迺倡義鳩工不日而就其勤事慕義大槪

類此若迺篤恩愛以友昆弟敦禮教以迪子姓致令
書香緜繹英才輩出翕然爲儒中之冠此又莫非翁
之德之教而表表在人耳目者晚年僉以翁純德足
爲鄉閭表請諸當路榮以冠帶爵爲里士而奉常黄
公重州守曾公儲洎諸縉紳先生咸哆爲歌詩以美
之議者謂翁謹厚如石奮好義類太缺任俠本朱家
莊穀近長孺蓋深於翁者也配安人葉氏龍山葉德
重次女及笄歸翁家夫婦以賓禮相敬如冀缺氏事
舅姑交妯娌咸得其懽心翁雖重義疏財然善倚頓
之策富累千金振於里閈矣安人更勤儉治家每遇
祭祀必躬潔蘋藻翁好客賓從常盈庭安人整飭中

饋無少懈故翁德日新家日振皆安人克相之也翁生於成化甲午正月初九日終於嘉靖乙巳九月二十八日享壽七十有二安人生於成化丙申十月初九日終於嘉靖庚申七月初十日享壽八十有五男文擢次文捷女一適同里黃瑞龍孫男六學章諸生學裕學能皆擢出悅仁即次顏氏諸生學勉學求皆捷出曾孫今方二十人元孫今方十七人來孫今方三人餘未艾云先是南塘公窆於西樵後數年奉潘安人柩配葬啟穴得泉翁痛哭伏地命即起之或曰且俟吉日不將有咎翁曰安等既不能妥先人遺體敢復躊躇坐視設有咎余身當之即日遷回晨夜嗥

號山中數月卒獲兆於紗葙山而改厝焉既而翁殯石頭亦不利而相兆者咸嘖嘖指紗帽山前餘地顧衆議紛搆迺析三相與鬮於南塘公之前而翁竟獲中古於是迺奉翁柩改葬而翁因得以朝夕從先君子於地下此其純孝之所感召蓋有繇然烏虖滕公石室之銘董氏天孫之佑千古侈為美譚以今觀於翁之事天邪人邪是宜銘銘曰

渟渟澥渤蠙珠吐光孕彼喆人厥類孔艮乾健既立坤順攸章倡和如響伉儷鸞皇典刑昭若式我鄉邦嗟彼故封弗慮弗長鬱鬱帽山中有元唐宰親為孝作善錫祥滕公石室陶侃仙壤千秋萬禩永固厥藏

萬歷三十一年歲次癸卯十一月二十一日

廣東通志關仰旒南海縣人嘉靖三十四年乙卯舉人亦見九江鄉志

謹按公所公墓原在新會水口仙人坑村名石頭萬歷癸卯遷從今所

又按關明府墓誌標題稱先生者金石要例云有文者稱先生吾學錄云耆舊或稱府君或稱先生蓋謂如韓文施先生墓誌銘歐文胡先生墓表之類亦漢碑陳寔稱文範先生法眞稱元德先生婁壽稱元儒先生之義也又碑版廣例謂碑碣中書官名或假借文言如隋陳茂碑題稱梁州使

君隋南宮令碑題稱雷明府唐宋以後稱
吏部戸部爲冢宰司徒幕僚佐貳爲少府
贊府類以今官爲不雅而潤以文言林坡
公誌及此誌標題壽官二字亦其類蓋明
世以來耆民賜冠帶通稱也

庠生壽官逸夫公妣潘氏合葬墓在新會瓦窯山又名睡犬山今隸鶴山縣酉庚嚮舊作酉辛墓域明嘉靖四十三年甲子建墓表

湖州府通判從孫謨撰

明庠士冠帶壽官逸夫朱公偕配安人潘氏墓表

浙江湖州府通判從孫謨頓首拜撰

嘗謂世道既降歎君子不可見已若我叔祖逸夫翁

殆無愧於古之隱君子歟翁少慧而好學性尤孝友以易補弟子員所在有聲時吾家未有科第曾大父南塘公望其立成值憂變遂棄舉業歸訓子孫謨等皆翁所成也丙午夏四月謨辭翁卒業南雍誨諭諄諄相泣而別孰知此爲永訣之期也迨謨領鄉薦官吳興閒關湖海十有餘年至今解組以歸適翁襄事之辰豈無名筆爲翁一表揚獨是謨受翁缺教知翁最深宜不容默也翁居家甚勤每晨興必牽帳幔而覘之者三以故家無怠政遂致贏餘尋常以詩酒自娛與人甚和至於人有不平翁一言解之咸服其公尤好善樂施懷其惠者種種又增設學田以寓激勸

之機故房孫輩多錚錚玉立凡吾宗今業儒者想望翁之德教猶嘖嘖稱誦不衰叔祖母河清潘氏相翁五十年無忤言婦順章翁歿從子十餘年毋儀著故吾家稱夫妻並美者必歸之翁云翁諱廷哲字國賢號逸夫生於成化乙未十一月初一日丑時卒於嘉靖丙午五月十四日巳時享年七十有二安人生於成化庚子十二月十九日戌時卒於嘉靖甲子五月初八日缺時享年八十有五生男二長文理次文簡女二長適庠生關沛立次適文士曾光啟孫四長學濂次學懋學時學昕曾孫必遇必迪必道必遜必隨必遴流慶未艾積善之應也今以甲子九月二十一

日辰時合葬於瓦窯山酉辛嚮之原謹次其事表而
出之
嘉靖四十三年歲次甲子孟冬吉旦
歲貢生廣西桂林府靈川縣儒學訓導歷署興安義寧兩
縣知縣絅齋公妣陳氏合葬墓在順德龍山鄉鐵罏岡
月塘公墓左乾亥嚮墓域明嘉靖三十七年戊午建天
啟五年乙丑　國朝乾隆四十七年壬寅脩墓誌銘戶
部主事外孫曾仕鑑撰
明廣西桂林府靈川縣學司訓絅齋朱先生偕孺人
陳氏合葬墓誌銘
承德郎戶部江西清吏司主事前　內閣　制

勅房中書舍人專撰　誥勅兼脩　國史官加
俸二級奉使頒平寧夏　詔廣東廣西及　勅
贈南直隸地方白糧外孫曾仕鑑頓首拜撰
憶余髫年見母孺人淚浪浪下言同外祖母陳侍司
訓公之宦靈川也後署興安義寧縣公竟以疾而卒
於官外祖母陳率長舅與余母間關扶櫬而歸嘉靖
戊午年十一月二十四日長舅以弟之先卒也遂奉
司訓公與陳孺人合葬於順德龍山鄉鐵鑪岡乾亥
嚮在厥考月塘公墓左及余曩年奉使西粤道興安
靈川二邑人士猶能言公之遺教今孫貢元朱潤卜
脩公暨孺人墓始述行狀詣余請銘余不獲辭迺按

狀爲之誌曰公諱文錦字國俊別號絅齋先南雄珠璣巷人後遷南海九江曾祖稅達祖南旺父月塘妣潘氏子三人公其長也幼穎博學所著有五經講解入本郡縣學嘉靖乙酉歲貢授廣西靈川學訓導公恂恂長者禔躬訓士一準於禮督學黃公佐褒奬文學爲粵西首靈川至今稱之委署興安義寧縣事其教化政事暇在書齋中手不釋卷欲掇科不就報陞卒於官悲哉娶陳氏順德龍山茂才陳策之女性端嚴勤儉孝順慈愛督率子孫成家業公生於成化戊戌八月二十四日卒於嘉靖辛卯正月初七日得年五十有四孺人亦生於戊戌六月初五日卒於嘉靖

辛丑五月初九日得年六十有四男二長宗程娶同
里岑氏次紹魯娶甘竹吳氏女三長適順德古朗村
陳其詡（煦）適古田知縣陳莊之子即爲同知克侯之母
也贈宜人次適同鄉關世立即爲知縣玉成之母季
適同鄉融縣知縣曾俊之子即爲主事仕鑑之母贈
孺人孫男六人長濬庠生次學度次學成次學新次
學紀更名潤歲貢即今請銘者也次學藴曾孫十四
人繼鵬繼鶚繼鳳庠生一源繼芳庠生家聘一混一
漣繼熹述熹纘熹肖熹繼惇繼皋元孫二十六人子
孫繁昌厥後未艾是宜銘銘曰
於惟我公儒林赫赫琳琅天府羽儀三邑沛國之英

萬夫之特閨幃媲美克相家業女中師表澤垂奕葉
積厚流光寖熾寖昌我爲是銘永鍾厥祥

天啟五年歲次乙丑八月二十六日

廣東通志曾仕鑑南海縣人萬歷十三年乙酉舉人祖俊父應珪皆舉人亦見九江鄉志

壽官裕齋公妣陳氏繼妣陳氏合葬墓在新會黃寶坑默桂山亦作脈貴山今隸鶴山縣子癸嚮墓域明隆慶元年丁卯建萬歷十一年癸未脩墓表戸部員外郎崔吉撰墓誌銘庠生從外孫曾仕鑑撰樂槃公遷祔墓內詳下

明壽官裕齋朱公陳氏兩安人合葬墓表

賜進士出身奉政大夫戸部員外郎奉　勅督理湖廣糧儲眷晚生崔吉撰文

儒林郎南京光祿寺署正隣郡羅欽顔書丹
鄉進士外孫陳嗣舜篆額
古之賢者生則旌其廬歿則表其墓蓋崇德云公諱
廷華字國用別號裕齋出南海九江右族爲鄉聞人
榮壽冠帶余未弱冠補弟子員多從公鄉士游又得
連姻公族故知公爲深隆慶元年十二月十七日次
男紹旦奉公與先安人陳氏合葬新會黙桂山子癸
嚮之原萬歷十一年二月二十四日嗣孫學益等又
奉繼安人陳氏窆公墓左因捧其從兄戶部主政奉
欽差督理浙江杭州等處關務讓所撰狀屬余表
公墓余久知公不敢以不文辭表曰天地涪龐惇大

之氣人得之則爲正直壽考也公爲人恂恂樸茂缺
朗中完識量汪夷莫窺其際公負瓌姿嗜舉子業孝
友出自天成長公文錦時爲靈川司訓宦游於外弟
廷舉在沖齡公以仲子獨持家計父祖貲產素饒公
又增拓而光大之宅加楹田闢畛咸以均之長季戸
部讓余夷弟蚤失怙荷公提挈宗族鄉閭儒林藪多
公鼓舞且夙謝畏途絶聲利視熱官勢缺不啻風埃
泡沫常語人日士遇則駕不遇則蓬吾而完寂葆眞
敖睨邱壑得以吞吐風雲翕張日月可矣安能劬劬
勤勤碌役於世網邪安能解命徇名聞雞立馬憂讒
畏譏伺人顏色爲欣戚邪隱居惟經史詩酒自娛時

誦說先民謨訓督課兒孫里閈有鬬很諭以道義輒
愧服鄉族喪不能舉曰吾不可爲麥舟荒歉有不舉
火曰吾不可爲晏子黨塾一時歎服稱公爲長者云
故諸縉紳耆碩爲名流所推重如尙書何公維柏通
政倫公以諒布政劉公士奇參議張公拱辰御史何
公宏知府何公派行郡侯李公煒進士何公文邦輩
於公暮年時皆歌詠品題笑傲尊俎所謂居覩其所
親富視其所與者惟公得之假令冠二粱食五斗能
不勃勃焜燿於世狀又謂公生平性寬厚不競稀跡
縣庭垂老不知詞訟史稱卓茂自束髮至白首與人
未嘗有爭競公非其人邪先娶同里壽官陳琛女繼

娶龍山傑士陳舉女二氏皆敬戒無違克稱內相云
公舉二丈夫子長紹奭娶大同陳嘉言女次紹旦娶
知縣陳莊孫女女一適御史陳珷孫佳孫男五孫女
四曾孫十餘余聞天有顯道厥類惟彰公之禔身範
俗砥礪名節潛而益光久而彌芳施之孫子賢善允
宗才猷炫世昌後食報之徵方興未艾古稱麟趾呈
祥螽斯衍慶誠在茲矣固宜表之貞石以貽於千萬
世云

萬歷十一年歲次癸未二月二十四日

崔吉見上廣東通志陳嗣舜順德縣人萬歷七年己卯舉人曾祖珷進士兄嗣光兄子錫爵皆舉人羅欽顏未詳

明壽官裕齋朱公兩配陳氏合葬墓誌銘

庠生從外孫曾仕鑑撰文

奉訓大夫知雲南騰越州事從外孫陳克侯書

丹

文林郎知福建建寧縣事從外孫關玉成篆額

裕齋朱處士名廷華字國用余外祖司訓公之弟嘉靖三十九年七月十六日卒余侍母孺人往哭隆慶元年十二月十七日次男紹旦奉處士偕配陳氏合葬於新會縣默桂山抱坎而頁離於隆慶五年三月初九日繼室陳氏卒余又侍母孺人往哭萬曆十一年二月二十四日孫學益學業等啟處士𥨊合焉學

業捧其從兄庫部讓所撰狀屬銘於余曰非子無以託吾祖於不朽追憶余母時時言處士爲人與今狀符也其何辭而弗銘朱之先南雄保昌人宋末咸淳間始自珠璣巷遷居南海九江上沙里曾祖稅達祖南旺父仕和世以隱德著里中母潘氏子三人長即司訓公處士其仲也早失怙恃司訓公力學季弟幼處士治家人產司訓公宦靈川卒所力產析而均之諸猶子無瑣鉅悉稟度焉處士雖蚤孤乎喪葬如禮享祀以時性寬厚宗族閭里稱爲長者閨門之內雍如也從孫庫部讓幼孤處士字之不倦讓每對人曰成我者裕齋公也關令尹玉成未第時丁家多難母

太夫人余姨母處士力庇之其恤孤振難多類此從孫諸生湆曰處士終身稀履城府家居課農種魚灌園訓子二千石廉其質行榮以冠帶尚書何公維柏通政倫公以諒皆有曼詞壽之馬少游謂鄉里善人非邪世俗諱死處士豫創菟邱具生棺斯稱達生矣生於成化十九年九月初九日享年七十有六安人同里壽官陳琛之長女生於成化二十二年九月初九日卒於嘉靖七年九月二十四日得年四十有三繼室龍山陳氏生於宏治六年九月二十四日得年七十有九並以淑德懿行相處士云子男二長紹奭先處士卒娶大同陳嘉言女次紹旦娶古田知縣陳

莊孫女女　適御史陳琙孫佳皆前室出孫男五學
益學業學猷學勤學健孫女四曾孫十餘人儒彬儒
蘭儒相儒桂儒校儒標儒槁儒椅儒楷儒松語曰不
於其身於其子孫其在斯乎其在斯乎處士生長
先朝嶺海不聞桴鼓吏無虎政而閈多淳俗老巖穴
以自終不可謂非幸世之佩魚畜牸衣冠輿馬之榮
臺榭綺玉之奉甚都也往往蹈危機而來訽誹孰與
處士誦義無窮子孫世食其報哉銘曰
於惟沛國肇自淩江避兵南下中葉繁昌赫赫司訓
美業奄逝振寡植孤曰惟仲氏和以飲衆施及來裔
三璧並瘞有缺其阡食德流慶力穡逢年

萬歷十一年歲次癸未二月二十四日

曾仕鑑見上廣東通志陳克侯順德縣人嘉靖三十七年戊午舉人祖莊子善賡皆舉人關玉成南海縣人嘉靖四十年辛酉舉人子純舉人亦見九江鄉志

謹按裕齋公墓域初建時鐫刻從孫讓所撰行狀於中而墓誌墓表反置列左右殊爲未審今謹登載表誌而行狀不錄

誠齋公妣關氏繼妣黃氏合葬墓在本鄉西方龜山亥壬

祔葬前嚮塘公墓

六世南所公妣彭氏合葬墓在大雁山大貴人峯丑艮嚮墓域

明嘉靖十年辛卯建隆慶元年丁卯　國朝道光三年

癸未脩西洲公桃泉公兩墓分祔墓下左右並詳下墓地上闊二丈二尺下闊二丈六尺左長二丈九

尺五寸右長二丈八尺二寸后土闊一丈二尺二寸長一丈四尺二寸

廩生兩岑公妣易氏合葬墓在本鄉蝸山（鄉志作花山）乾嚮墓域明隆慶四年庚午建

愛竹公妣黎氏合葬墓在大同大塘岡艮丑嚮（元會公鎮岡公念岡公祔葬墓內並詳下墓地闊二丈六尺五寸長三丈三尺五寸墓右餘地闊五尺）

學所公妣曾氏合葬墓在本鄉西方龜山申庚嚮墓域國朝道光二十年庚子修

岐所公妣李氏合葬墓在大雁山右嶺黃竹山乾嚮

上林公妣譚氏合葬墓在本鄉蝸山（鄉志作花山）玉帶基申庚嚮

東園公妣胡氏合葬墓在本鄉蝸山（鄉志作花山）玉帶基申庚

嚮
前灣公妣岑氏合葬墓，一本鄉蝸山鄉志作花山 玉帶基申庚
嚮
善翁公妣周氏合葬墓，在新會龍口灣山今隸鶴山縣 乾亥嚮墓
域明萬歷十八年庚寅建十九年辛卯脩墓誌銘夔州
知府從姪讓撰文缺
謹按善翁公墓久失祭百年來莫知處所
咸豐十年庚申因脩譜尋獲墳石頹毀原
碑尚存亦冥漠中有默護之者
接莊公妣曾氏合葬墓在黄岡艮寅嚮墓域明萬歷二十
年壬辰建墓地闊一丈二尺
五寸長二丈六尺

樂閒公妣黃氏合葬墓在大雁山中心嘴辛酉嚮墓域明崇禎十五年壬午建　國朝嘉慶十七年壬申脩

愛閒公妣張氏合葬墓在西樵山錦石岡申庚嚮（敬閒公墓祔墓下詳下）

南江公妣吳氏合葬墓在黃岡銀坑（又名仁坑）丑艮嚮（祔葬遁齋公墓）

庠生同川公妣陳氏合葬墓在大同松子岡巳丙嚮

樢沙公妣盧氏合葬墓在新會龍溪鄉欖木坑巳丙嚮墓域明萬歷十三年乙酉建（茄登公祔葬墓下詳下）

邦裔公妣關氏合葬墓在本鄉蝸山（鄉志作花山）辛酉嚮（祔葬玩峯公墓）墓域　國朝道光三十年庚戌脩

抱泉公妣鄧氏合葬墓在本鄉蝸山（鄉志作花山）乾嚮（懷濱公祔葬墓）

內詳下墓域明崇禎十三年庚辰建

庠生東里公妣關氏合葬墓在新會古岡鳳山又名明緞山今隸鶴山縣庚酉鄉墓域明嘉靖三十二年癸丑建墓表潼川知州盧宁撰繼妣關氏原葬本鄉蝸山鄉志作花山國朝道光十七年丁酉遷祔墓右玉泉公榕所公祔葬墓下並詳下墓地闊二丈九尺長一丈五尺七寸

鳳山阡表

賜進士第奉訓大夫守四川潼川州州眷生盧宁撰文

順德庠生後學里人關文仰書丹

鄉進士從姪讃篆首

昔自家食嘗從戚氏蒲泉朱君獲聞其從兄東里之
賢行恆舉爲後進型矱比今宦西蜀以歲事入 覲
過蒲泉之嗣謨偕計南宮以父之狀徵表東里墓左
受而卒業益符往聞迺曰古之展季以賢施及園寢
況今東里公乎公諱世芳字時元生而弱弗好弄長
學易爲連弟子員親拜韓公山斗故學不爲口耳習
以易審進退之義故終身甘遯性醇悃質任宅迺考
荔莊公憂三年弗御內以妣馮氏蚤世恆有荀匠之
戚及事繼母無怠容是能孝也兄弟四人公以長鞠
愛三弟易視田產有鮦陽之風是能友也義方假家
示三子循以飭其 仲奉厥訓習舉子業於從之黌序

是能教也身爲沛國宗子行率爲族人先甘澹薄周急不色吝是能敬且惠也配關氏同里沙洲望族爲宗婦理蘋藻無隳事衆婦喜爲榘則内外愉穆罔聞間言夫妻常以賓禮相遇如冀氏雖素所姆訓亦其家人之善閑也公與配皆生長　純敬二皇帝盛明時桓樂怡翼以卒歲惟懿行聯美故均引考昌後嗣殁而人悼之頌之者不衰皆食德之報也茲嗣子志學志仁志禮奉襄事於古岡鳳山之阡堂封陇如墓木葱如其所隸陰久矣直禁樵蘇如展氏已乎公世系始終子姓駿衍具載其宗大夫廷亮之（缺）烏虖公之雅範固與（缺）柏長留然非此無以爲永世昭示且

係邦人之思缺世之缺式其墓者尙能字缺二其阡

嘉靖三十二年歲次癸丑缺月朔日

廣東通志盧宁南海縣人嘉靖二十三年甲辰進士按關文仰同鄉人

南川公墓在鎮涌銀坑又名仁坑巨蛇嶺又名蚺蛇山癸嚮妣李氏

別葬墓右同嚮

西圍公妣陳氏合葬墓在新會傑洲村黃塘山今隸鶴山縣艮

嚮三錫公逢亨公伯申公伯呂公得勤公平莊公輝隆公泰源公各墓祔葬左方下方並詳下墓地上闊三丈一尺下闊四丈左長五丈二尺右長六丈八尺又武全公下各墓祔葬墓右墓地上闊一丈五尺下闊一丈七尺左長二丈九尺右長二丈九尺五寸

北源公妣易氏合葬墓在新會沙田曲朗山癸子嚮墓域

國朝雍正五年丁未脩佋柏公泗濱公兩墓祔墓左並詳下

壽官蒲泉公妣周氏合葬墓在新會沙涌村紗帽山今隸鶴山縣南塘公墓下之右亥壬嚮

贈承德郎南京戸部河南清吏司主事白川公妣贈安人郭氏合葬墓在新會黄竹山今隸鶴山縣辛酉嚮墓域明嘉靖四十三年甲子建萬歷二十四年丙申脩　賜進士第中憲大夫知廣州府事前兵刑工三部郎中陳國華題墓墓誌銘禮部右侍郎王宏誨撰墓地上闊五丈五尺下闊七丈五尺左長七丈九尺右長七丈三尺

敕贈承德郎南京戸部河南清吏司主事白川朱公暨配安人郭氏合葬墓誌銘

賜進士第嘉議大夫禮部右侍郎南京吏部右侍

郎南京國子監祭酒左春坊　太子諭德同脩
國史兼理　誥勑　經筵官瓊臺王宏誨撰
賜進士第奉政大夫南京戸部廣西清吏司郎中
前中書舍人年家晚生金節書
賜進士第文林郎南京湖廣道　欽差巡按直隸
監察御史邑人王學曾篆
萬歷壬午南計部主事絅庵朱君既拜　覃恩得贈
父白川公如其官毋郭氏爲太安人一日迺持其友
金計部狀來謁曰往者二尊人之葬也弗備禮矣今
者幸得公敢以誌請余於計部君同鄉義烏容辭按
狀公諱文直字與剛白川其別號云世爲梅嶺珠璣

巷人宋季元龍公始遷南海遂占籍於九江上沙里五世至南塘公而家業日隆隆起是爲公大父父林坡公慷慨務大節已諾必信一時縉紳先生雅重之子二人長文重爲湖州府別駕謨之父次即公公資稟穎異於書無所不窺尤嫻詞賦嘗習博士家言弗售輒棄去曰士豈必博一第以徼榮名而取世資爲愉快乎吾以娛吾志耳其坦蕩若此然公刻意尚行脩姱必程於先民家居必稟於禮平心率物爲鄉閭所式嘗有爭訟者不求直於官而求直於公人爲曉譬所以罔不愧服若陳仲弓居穎然事兄極友愛常同其起居出入凡宗鄰燕集必偕無失即司馬端明

之於伯康不是過也方公蚤年子尚幼而其兒已七舉男公弗二視產入鈞以資膏膳人謂有田氏風故爾時子姪游膠庠者三舉於鄉者一公責成之力居多焉初計部君襁褓公甚愛而奇之甫授書即期以聖賢之學曰必是兒也亢吾宗者此公疾革而郭安人問家事不答第以手摩計部君頂曰事在此兒矣卒之明日天暴風雨里中不期而至者塞委巷云郭安人爲同邑著姓少稟貞淑嫻姆訓旣歸贈君事舅姑以孝謹聞撫諸姪如所生嘗贈君鈞產入時不少幾微見於色居常或不給至脫簪珥以佐之下至臧獲撫恤甚有恩曰彼亦人子耳其慈惠周篤亦天性

然也贈君捐館時安人年四十有五姑耄矣諸孤咸
稚弱未教安人旦夕掖侍姑退迺舉贈君平生言循
循命子躬織紝分燈而課其業嘉靖戊午計部君舉
於鄉歸拜堂下安人泣謂之曰父有遠志今少慰矣
倘未也汝其勉之又七年而安人卒將屬纊時第勅
計部君以勤脩職業無墜先緒亦無一語及家事其
缺二字類如此贈君卒爲嘉靖壬寅七月六日距生宏
治丙辰年四十有七安人卒爲嘉靖甲子三月二十
五日距生宏治戊午年六十有七子三人長謂次讓
即計部君次謀女四適潘鼇關汲崔吉葉浩崔吉爲
丙辰進士戶部員外郎計部君兄弟以嘉靖甲子十

二月缺日合葬二尊人於新會黃竹山之原銘曰

維木有根其蔭也息維水有源其浸也澤朱氏之先

世有令德於維贈君益豐其植孝友內孚敦睦外飭

賢哉敬姜字缺三則天眷不爽有子勵翼錫贈榮壤光

賁南國於乎朱氏永永無斁

萬歷二十四年歲次丙申仲夏吉旦

題名碑錄陳國華直隸常熟縣人萬歷二年甲戌進士廣東通志陳國華萬歷二十年任廣州府知府廣東通志王宏誨定安縣人嘉靖四十四年乙丑進士金節王學曾並南海縣人萬歷五年丁丑進士按題名碑錄金節中萬歷二年甲戌會試丁丑成進士於絅庵公爲同年生

上川公妣易氏合葬墓在本鄉象山丁午嚮近池公祔葬墓內詳下

賜進士出身戶部員外郎雲南糧儲道崔吉題墓墓

域　國朝乾隆二十五年庚辰嘉慶十四年已巳脩拔江

公會泉公養吾公盛泉公各墓分祔左右並詳下

崔吉見上

謹按上川公墓原在新會水口天財山

國朝乾隆二十五年庚辰遷回本山近池

公墓右

恩官仰柏公妣關氏合葬墓在新會赤坎村塘下涌鳳山又名明鰕山今隸鶴山縣庚酉鄉墓域明萬歷二年甲戌建墓表云

南參議黃朝聘撰

鄉飲賓　恩給冠帶仰柏朱公偕配安人關氏墓表

賜進士第前南京戶部郎中雲南等處承宣布政

使司左參議眷生黃朝聘頓首拜撰

南海之九江有仰柏朱公文捷者藻躬飭行人也歿已四年其孟子庠生悅仁奉從兄前湖州別駕朱石潭君所述行狀來責余言以表之將勒諸阡碣用垂不朽悅仁嚮從余游每睹其瓌意奇思卓有聳壑昂霄之志則其出也必有所自焉據狀公之先世寓於淩江珠璣巷旣而自珠璣巷遷於九江上沙里見里中土沃民湻因家焉奕世至公之曾大父南旺公飛遯離俗娛志方外大父南塘公亦履富饒刻意於詩禮父公所公尤豪放拔俗風標秀舉皆隱德不耀積而茂於公身殆鍾靈毓秀揚芳飛采素履自是不羣

矣公少有英稱不類凡兒初業儒不就輒棄去學治
生雖不事營巧而家日饒裕有自植之能朱氏鼻祖
初欲建祠衆議難之公仗義直任鳩工僝功屹然就
緒有趨事之勤賦役頻臨逋負雲集卒能芟弊率紀
俾公帑私輸兩不廢損有理紛之才創祖祠葺祖墳
雖稱浩費初無難色有奉先之孝廣延名師式穀令
子置立義田以興後學有垂裕之仁比隣睦族德義
相勉設有外侮以身先之有捍患之義輕財好施貸
賈鐲負䙡椎斵膏血倍以酬息者何啻涇渭有賙恤
之恩九江下聞爲官築塞以捍洪潦民命關焉時怙
勢懷私者議去舊築而開之公卓見利害力率衆上

書事竟獲寢各堡得免魚鼈者公之賜也有不茹之
剛又其卓然者晚年脱落世故陶情賓朋於園林中
築一水榭遇鄉之賢士大夫莫不優崇燕喜款洽移
日故凡飲公之和者亦莫不雅重於公樂與公羣也
有瀟洒出塵之度公藴此衆美萃於一身故鄉中諸
士舉公鄉飲二次公雖謙讓不赴而安鄉式俗之德
是公之不容誣者厥配安人關氏九江之著族也淵
嫕溫惠承順夫子中饋瑣細親執其勞斯以見淑而
慎上服姑嫜甘菽靡遺歲時伏臘奉祀孔飭斯以見
孝而敬外睦妯娌和易中禮下御臧獲寬嚴有則一
切母儀閫政嶄嶄可觀斯以見惠而肅公之挺有所

樹而家用蕃殖皆安人內助之力居多云公生於宏治庚申年六月二十五日丑時卒於隆慶辛未年十一月初七日未時壽七十有二歲安人生於宏治癸亥年十一月初七日戌時後公八日而卒壽六十有九歲以萬歷二年甲戌歲閏十二月初八日戊寅之吉合葬於新會縣古勞都赤坎村塘下涌鳳山庚酉嚮之原子男三長學敏即悅仁邑庠生次學勉次學求孫男十必造必遒必逾必迎必退必遙必適必迴必遴必遺孫女七一適本鄉黃崇業一適大同傅應箕餘幼未行烏虖公之純德偉行當世讓佚芳範懿矩孚於閭里而安人又能媲美匹休允無愧於所天

與夫令子悅仁才華雋永所以闡幽光發潛德者方未艾也是用述其大概俾後之觀者將有所考焉公諱文捷字與元仰柏其別號云

萬歷二年歲次甲戌閏十二月初八日

廣東通志黃朝聘順德縣人嘉靖二十九年庚戌進士

順川公妣周氏合葬墓在新會飛凫山又名飛鴨塘山今隸鶴山縣亥乾嚮墓域明萬歷二十五年丁酉建三十五年丁未脩

賜進士第通議大夫禮部右侍郎前詹事府掌府事南京國子監祭酒兼翰林院侍講侍讀纂脩 國史大明會典 東宮講官郭正域題墓順川公墓誌銘戶部主事從外甥曾仕鑑撰文佚妣周氏墓誌銘大理府同

知從外甥陳克侯撰

明安人周氏墓誌銘

奉政大夫雲南大理府同知前知永寧騰越二州事甥陳克侯頓首拜撰

安人周氏迺順川朱公之配封咸寧令學濂庠生學懋之母也順川公為余外祖司訓公之從子余母先宜人之羣從弟安人視先宜人猶女兄脯脩之問不缺往余從先宜人歸寧知安人内行最悉安人出大同水北里名族爻綱號一鑑母關氏安人之生也一鑑公異之長而端重婉娩嫺閨範尤精女紅一鑑公謂不可與凡子偶擇順川公歸焉順川公家故饒安

人畏慎黽勉無惰志蠶繅紡績每至夜分糈漿諸瑣必躬督之閫以内無怠厥事者迺翁逸夫公以禮讓表於鄉謹時祀喜賓客牲饌酒茗之供無虛日安人治具必毖必豫其相順川公亦如之故朱氏兩世無曠於幽明而克濟其美者安人之力居多也教二子勉之就學每試落第輒寬諭之曰遇合命也淹速時也汝父祖世載其德後必有顯者第慎脩以俟之歲乙酉孫淩霄果舉於鄉喜謂二子曰此而父祖食德之報也汝曹第勉爲善世有榮聞矣其卓識如此性素儉一泉布不妄費至待姑娣妯娌罔不周洽即卑幼疏逖賤至臧獲輩無不各滿其意望而得其歡焉

安人與順川公皆踰大耋相敬如一日孫曾繞膝歲時稱觴上壽分曹迭進冠裾爲奕愉愉如也猗歟盛哉安人生於宏治甲子七月十三日卒於萬歷壬辰三月初九日壽八十有九與順川公合葬於飛鴨塘山順川公實行已具於表弟民部曾仕鑑誌中迺其子咸寧令詒書述安人往事屬余記一言於幽缺因憶前癸卯夏從先宜人避水患於牛山祖祠外家諸母咸在時余甫十歲暮出不回先宜人憂形於色安人曰第寬之此子非凡兒可保無它也無何余果自外入先宜人喜命余前謝今二母言猶在耳而皆不可作矣覽咸寧令書不覺涕簌簌簌下缺三字爲銘銘曰

爰有靈鳥鏘其鳴律倡呂叶符嘉禎二靈去矣闕元扃鴨源瀠鬱生氣秉介茲祉福施雲仍千年蘋薦德惟馨

萬歷三十五年歲次丁未二月十四日

題名碑錄郭正域湖廣江夏縣人萬歷十一年癸未進士會仕鑑陳克侯見上

可山公妣黃氏合葬墓原在新會瓦窯山又名睡犬山今隸鶴山縣墓域明萬歷二十三年乙未建國朝道光七年丁亥遷回本鄉大望山辛酉嚮茂生公延嗣公祔葬墓內並詳下墓地闊八尺長八尺

捷泉公妣岑氏合葬墓在新會寶鼎山今隸鶴山縣丁嚮墓域明萬歷十三年乙酉建二十七年己亥國朝乾隆二十七年壬午道光五年乙酉脩墓誌銘少保大學士趙

志皋撰萊洲公墓[illegible]墓下之右詳下墓地上闊一丈七尺五寸下闊一丈九尺左長二丈六尺右長二丈四尺萊洲公墓地闊如上左長五尺五寸右長九尺五寸

明處士捷泉朱公暨配安人岑氏合葬墓誌銘

賜進士及第榮祿大夫柱國少保兼　太子太保

吏部尚書　武英殿大學士趙志皋拜撰

承德郎戶部江西淸吏司主事前　內閣　制

勅房中書舍人專撰　誥勅兼脩　國史官加

俸二級奉使頒平寧夏　詔廣東廣西及　勅

趲南直隸地方白糧外甥曾仕鑑頓首拜書

往余貳觀察於南粤也曾君仕鑑爲余道其母氏之

族與其舅氏朱君之行是時曾君方有母之喪而朱

君已謝厥世欷歔感慨自恨遭家不造而舅氏九原之不作也余聞其言而悲之頃直廬之暇曾君謁余請曰日者舅氏之行先生業置之於耳今墓木拱矣願得品題因索同知陳君克侯所爲行狀實錄之以傳不朽陳曾皆朱君甥夙爲朱君所愛重有羊曇西州之感焉余迺按狀誌之曰公固系出巨族諱宗程字正卿捷泉其號也宋末有諱元龍者自南雄珠璣巷徙於南海九江歷數傳至南旺爲君曾祖南旺生仕和仕和生文錦博覽淹通爲士林表率歷任靈川縣儒學恂恂長者禔躬訓士一準於禮靈川至今稱之配陳氏生子二人君其長也君幼有至性弱冠而

孤竭孝敬以事母凡在倫紀咸處之各得其當至鄉里有負忿相告縱所甚不平者君恚曰奚而至是其人愧謝卽已未嘗終身銜之有以緩急告者殫力爲拯救尤厚於姻戚與朋友其生平類此者不可勝紀大都尙節義敦純樸守身處世胥揆諸道義人謂有父風云少承文學公家學通毛氏詩屢試有司不售遂拂衣邱園託之酒以自適喜與客酌每客至卽噱童攜尊暢飲論詩若功名事業悉付之孫子嘗曰自余先大父以來世業詩書今余老一墜廢先人業是余罪也汝曹其勵厥志亢厥宗毋重貽繼述羞其抱未伸之志固欲顯承於後也且樂善不倦飽學者流

遇時致敬於其所與游之名士即竭囷橐助游學費
不少靳惜今二子裒然爲茂異諸孫積學相繼聯輝
並茂挺起翩翩則君素抱之奢願於兹不無少副也
已君配岑氏岑連奎之女孝敬儉勤尤廣記博聞時
陳述古昔成敗禍福之轍爲子孫永鑒實佑後啟承
允爲内相之賢矣君生於正德戊辰年十二月初二
日子時終於嘉靖壬戌年十二月二十日申時享年
五十有五岑安人生於正德壬申年二月十九日丑
時終於萬歷丁酉年六月二十日寅時享壽八十有
六生男三長涫邑庠生娶陳氏次學度娶陳氏次潤
邑廪生娶陳氏女二長適潘維經次適陳恂孫男五

繼鵬繼鶚繼鳳庠生繼芳庠生家聘曾孫男八應爵
璧庠生應璜宴庠生環應麟應科瑛君以萬歷乙酉
年正月十三日子時葬於新會寶鼎山丁嚮之原萬
歷己亥年十二月初九日辰時奉安人岑氏合葬於
此余得撮其實畧勒諸石以誌弗諼焉銘曰
基廣而墉則厚也蕙蕤而年則有也維天報施善人
厄其躬則享其後也我銘斯實後有考也於萬斯年
德彌光而福彌阜也
萬歷二十七年歲次己亥十二月初九日
題名碑錄趙志皋浙江蘭谿縣人
隆慶二年戊辰進士曾仕鑑見上
明泉公妣吳氏合葬墓在大雁山卯嚮墓域　國朝康熙

五十八年已亥脩

樂槃公妣陳氏合葬墓原在新會蜆岡村蘆花山亥嚮墓域明萬歷十九年辛卯建三十七年已酉脩墓誌男學猷等撰　國朝乾隆五十一年丙午遷葬黃寶坑默桂山亦作脈貴山今隸鶴山縣裕齋公墓内子癸嚮

明處士樂槃朱公偕配安人陳氏合葬墓誌

公諱紹旦字道行號樂槃迺裕齋公之仲子世居南海九江上沙里娶順德古朗陳侶蘭公次女生男三長學猷娶本鄉陳氏次學勤娶本鄉關氏次學健娶龍江鄧氏女四長適蜆岡陳艮知次適本鄉順德庠生李育化次適本鄉吳銳次適本鄉關爲雷孫六儒

標邑庠生儒栴繼文邑庠生儒楷儒松儒楨曾孫雲
現應龍雲衢應元應選雲瑛等繇繇未艾公生於正
德己卯七月三十日申時終於萬歷甲戌五月初五
日戌時享壽五十有六安人生於正德庚辰閏八月
十五日子時終於萬歷辛卯十二月二十九日戌時
享壽七十有二男學猷等先於萬歷辛卯二月二十
五日卯時奉公葬於新會蜆岡蘆花山坐巳嚮亥之
原復於萬歷甲辰正月初三日午時奉安人合葬焉
公與安人懿行瓌德詳於家譜謹序世系於石俾式
墓者有所考云男學猷等泣血謹誌
萬歷三十七年歲次己酉三月初七日

謹按墓誌多有銘然亦有無銘者韓文登封尉盧殷墓誌銘襄陽盧丞墓誌河中府法曹張君墓碣銘殿中少監馬君墓誌諸篇皆是猶之漢碑多有銘而高眹脩周公禮殿記等碑則無耳又墓銘舉例謂無銘詩畧也銘亦不必皆詩文卽銘焉耳鎮軒公此誌蓋用其例

七世西洲公妣黃氏合葬庶妣牛氏陪葬墓在大雁山大貴人峯南所公墓下之左內嚮子壬外嚮丑艮墓域明隆慶三年己巳建　國朝道光三年癸未脩

桃泉公妣譚氏合葬庶妣鄭氏陪葬塋在大雁山大貴人

峯南所公墓下之右內嚮癸丑外嚮丑艮墓域明隆慶
四年庚午建　國朝道光三年癸未脩
元會公妣陳氏合葬墓在大同大塘岡艮丑嚮祔葬愛竹公墓
南洲公妣曾氏合葬墓在新會纈龍山寅艮嚮樂素公祔葬墓內詳
下墓域明天啟七年丁卯建　國朝道光二十年庚子
脩墓地闊二丈一尺長三丈二尺
見岡公妣鄭氏合葬墓在大同赤磡岡亥嚮聯岡公祔葬墓內詳下
柳臺公妣潘氏合葬墓在本鄉飛鳳山子癸嚮墓域明萬
歷三十一年癸卯建　國朝乾隆十四年己巳嘉慶二
十年乙亥脩墓誌揀選守備裔孫瑛撰錦堂公墓祔墓下詳下
一洲公妣鄭氏合葬墓在本鄉蝸山鄉志作花山玉帶基申庚

嚮

東陽公妣關氏合葬墓在本鄉蝸山鄉志作花山申庚嚮附葬本族外祖關公麥氏墓下墓域明萬曆四十年壬子建　國朝道光十年庚寅脩

安遇公妣吳氏合葬墓在本鄉大望山丁嚮墓域明萬歷四十年壬子建　國朝道光十年庚寅脩墓地闊一丈、一尺長二丈一尺五寸江峯公墓祔墓下詳下

見樵公妣李氏合葬墓在黃岡據世紀脩

貞庵公妣曾氏合葬墓在大雁山中心嘴辛酉嚮墓域明崇禎十五年壬午建　國朝嘉慶十七年壬申脩墓地闊一丈八尺八寸長二丈七尺

敬閒公妣梁氏合葬墓在西樵山錦石岡愛閒公墓下申庚嚮

雁屏公妣黃氏合葬墓在本鄉馬山寅甲嚮墓域明崇禎元年戊辰建墓誌南京北城兵馬司龎景忠撰墓地闊二丈二尺長二丈八尺

明處士雁屏朱公偕配安人黃氏合葬墓誌

巡視南京北城兵馬司正兵馬前湖廣承天府京山縣知縣通家生龎景忠拜撰

公諱建中字汝端號雁屏曾祖昌祖祖正增廣生員父紹熹子二人公其長也公之先始自南雄遷於南海九江鄉上沙里公之生平勤儉以治生正直以持已

謙和以處衆大類古之隱君子不出里閈而化及於鄉國志自足於邱園而名重於卿相若王彥方陳仲弓之流至其詒謀後昆則有過於人者蓋自公之大父正爲黌舍翹楚而儒術已顯然未竟其用公承厥考紹熹之訓即矢力嚮學欲纘前人之緒而光大之後以家政浩繁弗獲卒業然不忍棄去每課農之暇喜談經史斤斤爲子若孫勉者皆以詩書爲本至遇文學之士尤深嘉重其嚮慕之切啟佑之篤若此是以公之子皆服膺儒教而諸孫尤負奇氣吐鴻藻播名郡邑行且旗鼓中原大展家學効用於世以無負公之夙志豈非公之詒謀遠且大者乎雖陰善積久

必發數有固然而公能蚤見豫持其劵故曰過於人者也厥配安人同鄉東海里黃氏性行端嚴孝敬天植茹苦食貧殊有詩書風味凡公之所以誨子親賢者皆能婉娩以從而無內撓之患是宜昌其後而食其報也公生於嘉靖壬辰年十一月十三日辰時卒於萬歷辛亥年三月十二日酉時享壽八十安人生於嘉靖壬辰年十二月十九日酉時卒於萬歷辛亥年四月初二日卯時享壽八十男二長大仕庠生娶本鄉關氏次之屛娶本鄉曾氏女三長適大同傅氏次適大同郭氏季適本鄉陳氏孫六長光瑜廩生次光璉庠生次華祖華福華禎華祥俱業儒曾孫九方

興未艾今擇吉奉柩葬於本鄉馬山坐申庚嚮寅甲之原兆域之營既固且安以世享其禋祀斯無疆矣公之孫光瑜與不佞兒汝衡同進庠序屢獲談心故熟悉公之懿行茲襄公大事馳書京邸圖所以為公不朽夫公之世系在譜秉遺澤在子孫其實德彰彰在鄉閭之齒頰不佞安敢復贅一辭聊綜其梗槩云爾

崇禎元年歲次戊辰十一月二十七日

廣東通志麗景忠南海縣人萬歷三十四年丙午舉人

念川公妣曾氏合葬墓在大同松子岡巳丙嚮

粵林公妣陳氏合葬墓在本鄉蝸山鄉志作苂山辛酉嚮墓域

國朝康熙五十七年戊戌脩

穗林公妣曾氏合葬墓在本鄉蝸山鄉志作花山辛酉嚮與粵林公同墓

墓域　國朝康熙五十七年戊戌脩

惟任公妣關氏合葬墓在本鄉蝸山鄉志作花山辛酉嚮祔葬玩峯公墓

墓域　國朝道光三十年庚戌脩

清涯公妣丁氏合葬墓在本鄉蝸山鄉志作花山辛酉嚮華吾公祔葬墓內詳下墓地闊一丈一尺五寸長一丈一尺二樂公墓祔墓下詳下

懷濱公妣鄭氏合葬墓在本鄉蝸山鄉志作花山乾嚮祔葬抱泉公墓

墓域明崇禎十三年庚辰建

玉泉公妣曾氏合葬墓在鶴山古岡鳳山又名明鰕山庚酉嚮祔葬東里公墓

謹按玉泉公墓原在傑洲村 國朝道光
十七年丁酉遷祔東里公墓下

庠生九溪公妣周氏合葬庶妣曾氏陪葬墓在本鄉蝸山
鄉志作花山
辛嚮墓域明萬歷三十四年丙午建壙記男士
銳撰

先考九溪公府君偕周曾兩妣壙記

府君姓朱氏諱志仁表字宗堯別號九溪居士其先
淩江珠璣巷人宋季始遷今里居焉奕世至府君曾
大父直庵公大父荔莊公父東里公爲連州庠生母
安人關氏生府君兄弟三人府君其仲也母氏卒東
里公後娶關氏爲繼室府君尋更名佐補從化弟子

員妣周氏安人順德龍山蘇步人壯年無所出迺力
贊府君迎不肖男生母曾氏安人爲副迺大同蜆岡
人洎入門兩妣處之無閒怡怡若姊妹然至丙寅歲
舉吾姊辛未歲遂舉不肖男云府君生於宏治十五
年壬戌十二月二十七日巳時卒於萬歷八年庚辰
三月初六日巳時享壽七十有九周氏妣生於宏治
十六年癸亥八月十四日亥時卒於萬歷六年戊寅
正月二十六日子時享壽七十有六曾氏妣生於嘉
靖十四年乙未四月初一日巳時卒於萬歷廿八年
庚子六月十一日亥時享壽六十有六不肖男娶同
里岑氏生男錫爵生女二姊適同里黃公悦男今以

萬歷三十四年歲在丙午春正月十六日丑時敬奉
三尊人葬於本里蝸岡乙山辛嚮之原去家不一望
而遥焉茲特述其世系藏諸陰宅以紀不朽昊天罔
極烏虖痛哉時萬歷丙午歲春正月十有六日不肖
男士鋭孫錫爵泣血謹記

謹按古人碑版文字多出故吏門生之手
或假當代聞人立言君子以圖不朽而出
於其子所撰著亦間有之漢故行梁相事
碭孔君神祠碑爲其子颯所作末云子得
述父臣得述君故紀焉云云隋故桂州總
管武康郡公令狐熙君碑爲其子德棻所

作末云崇賢館學士監脩國史護軍彭陽縣開國公德棻陪侍膝下夙趍教義云云此柳州先侍御史府君神道表廬陵瀧岡阡表所昉也孔碑稱君諱耽令狐碑稱公諱熙遠祖邁祖蚪皆直書不諱唐中葉以後家諱始重而徐浩碑遂用它人題諱矣今赤玉公自誌其父不用後世塡諱浮文猶見古義又壙記之名見朱子文集有知縣何公壙記亡嗣子壙記亦非臆創

榕所公妣張氏合葬庶妣鄧氏陪葬墓在鶴山古岡鳳山又名明鰕山庚酉嚮祔葬東里公墓

謹按榕所公墓原在本鄉蝸山　國朝道
光十七年丁酉遷祔東里公墓下

蘆溪公妣鄭氏合葬墓在鎮涌銀坑又名仁坑巨蛇嶺又名蚺蛇山
癸嚮

玉台公妣張氏合葬墓在鎮涌銀坑又名仁坑巨蛇嶺又名蚺蛇山
癸嚮

翠涯公妣鄧氏合葬墓在本鄉牛山壬亥嚮

侶柏公妣關氏繼妣易氏合葬墓在新會沙田曲朗山北
源公墓左癸子嚮墓域　國朝雍正五年丁未脩

泗濱公妣關氏合葬墓在新會沙田曲朗山北源公墓左
癸子嚮

拔貢舉人浙江湖州府通判歷署烏程縣知縣湖州府推
官石潭公妣馮氏合葬墓原在番禺鹿步司岑村（又名濤村）
蓮花岡（又名紅花岡）未嚮（馮氏墓誌作丁未嚮）墓域明萬歷十三年乙
酉建石潭公墓誌男宏等撰妣馮氏墓誌男樵等撰
國朝乾隆六十年乙卯遷回本鄉牛山正夫公祠右坤
申嚮墓域咸豐九年己未脩

明通判石潭朱府君墓誌

先府君諱謨字次臯姓朱氏別號石潭始遷祖諱元
龍宋末自南雄珠璣巷徙居南海九江上沙里因世
家焉元龍生子議子議生稅達稅達生南旺南旺生
仕清是爲府君曾祖也祖諱廷昭妣鄧氏考諱文重

妣周氏生府君兄弟七人府君行二生於正德十一
年丙子七月十一日申時性慷慨卓犖負節氣年十
七以詩經補瀧水學弟子員二十六應貢南京國學
生嘉靖壬子領鄉薦庚申除浙江湖州府通判癸亥
棄官去優游家食詩酒自娛一十八年卒於萬曆八
年庚辰六月十六日申時享壽六十有五娶新會粤
塘處士馮涫夫之女生男四長宏次樵順德庠生次
完南海庠生次弁女二長適扶南知州鄺元樂子從
德次適新會舉人許炯子堂之孫男端至端御端儒
端士端夫端履曾孫如穗如林宏等於萬曆十三年
乙酉十二月初七日癸酉奉柩葬於番禺鹿步岑村

之左紅花岡未嚮之原男宏等稽顙百拜謹誌

明故朱母馮氏安人墓誌

安人姓馮氏父曰滄夫新會粵塘村人也安人端靜慈仁本於其性年十八歸我朱缺事别駕石潭公惟謹逮事祖父蒲泉公祖母周氏安人婦道克盡别駕公業儒家世清貧安人日夕躬親桑麻以給薪水别駕公因得肆力下帷以嘉靖壬子入薦鄉書除湖州别駕安人從任數年衣服飲食菲薄不改惟以清白相勉所處娣姒及奴婢無不得其歡心至老而手不停作足不踰閾遠近慕其閨範焉生四男子長曰宏娶劉氏次曰樵諸生娶馮氏曰完諸生娶陳氏曰建

勳與選材官娶歐氏二女子長適州守鄺元樂之子
從德次適孝廉許炯之子堂之孫男子八人端至端
御諸生端儒宏所生端士諸生端夫樵所生端履諸
生端揆完所生端表建勳所生孫女子八人曾孫男
六人如穗如林如松如柏如桐應聰曾孫女六人安
人後別駕公二十年迺卒是爲萬歷庚子歲正月二
十日也距及生年正德戊寅歲四月十六日計享年
八十有三合葬於岑村蓮花岡丁未嚮之原在別駕
公之左萬歷二十九年歲次辛丑正月初一日安葬
孝男樵等泣血稽顙謹誌
謹按石潭公墓鼎革後失祭　國朝乾隆

三十年乙酉尋獲至乙卯遷從今所

蘆洲公妣曾氏合葬墓在大同尹公岡酉辛嚮墓地上闊一丈六尺四寸下闊一丈八尺左長三丈二尺五寸右長二丈八尺

衡山公妣黃氏合葬墓在本鄉馬山卯嚮墓域　國朝康熙十年壬子脩

杏林公妣張氏繼妣岑氏合葬墓在新會及洲村黃塘山今隸鶴山縣艮寅嚮墓域明崇禎五年壬申建墓誌銘贛州府通判從姪凌霄撰墓地闊一丈一尺長一丈六尺

明處士杏林朱公偕配安人張氏岑氏合葬墓誌銘

奉直大夫歷任雲南寧州貴州定番州山東平度州知州謫江西贛州府通判從姪凌霄頓首

拜撰

余從叔杏林公諱諶字次孚伯祖蒲泉公之第七子湖州别駕石潭公之弟夔州太守祀鄉賢絅庵公從兄也與余先子爲再從兄弟長余二十四歲生前撫余若己子督余力學勸課不倦及余叨領鄉書公卒已四月矣公自少沈毅有大志渾樸不斵兄弟八人諸伯叔多恢諧善謔有美談公獨訒訥自持動必以正恂恂不越尺寸數其事而稱之亦曰日用常行云爾迺其天性之眞内外一致爲余所深知者莫若孺慕一念余固不能爲公隱也蒲泉公雅好栽花植樹及禽魚山水之樂抑且坐客常滿殆無虛日公皆先

意承志凡珍禽奇卉諸色可娛之物悉羅致之不傷其性客至就其家之所有或少加市沽爲竟日歡蒲泉公未嘗不固止之迺公日畜以待不時之需亡何而蒲泉公春秋漸高與伯祖母周氏安人皆馴至耄耋公事之朝夕不離寢案石潭公曰有吾七弟在吾於晨昏雖後至不妨矣蓋喜之也先是公年三十即絶意仕路不復言舉子業同社者邀之赴會笑而答曰學貴適志爾吾嘗喜懼兩乘之日天下國家事付之兄弟足矣吾但隨分自安人田亦田人圃亦圃何所不適烏虖繹公斯言殆所謂終身慕者非邪吾故曰天性之眞内外一致也初配安人張氏本鄉張娛

蘭女賦性端淑治家儉勤事舅姑遇妯娌事事有成
法相公六載而卒繼配岑氏本鄉岑抑涯之女壼範
整肅婦德並美於張安人生子缺髫年不祿撫前子
及諸孫恩意備至若已所出缺既往公僅有一子貴
爲張安人所生孫四聯芳傳芳連芳流芳曾孫今始
三人觀英國英睿英公之嘉言善行必豐碑而後盡
故特摭其大者其它及世系生卒歲月均詳於狀及
壙記中以今壬申八月初七日申時葬於新會及洲
黃塘山艮寅嚮之原余既次其事宜有銘銘曰
黃塘之鄉及洲之陽維山蒼蒼維水泱泱有公現行
有媛同藏缺四字均稱未亡孝思暎隧不見而章崇之

四尺濬發其祥名以實揚久而彌昌

崇禎五年歲次壬申八月初七日

益府典儀正省庵公妣張氏繼妣譚氏合葬墓在大同對

面山據世紀脩

賜進士第贈嘉議大夫兵部左侍郎原階中憲大夫四川

夔州府知府祀名宦鄉賢絅庵公妣贈淑人原封安人

關氏合葬墓在本鄉大望山詳鄉志　乙嚮墓域明崇禎十

一年戊寅遷建　賜進士及第嘉議大夫禮部右侍郎

前詹事府掌府事翰林院學士外孫陳子壯題墓庶妣

馮氏祔葬於右　賜進士第文林郎四川重慶府巴縣

知縣陳子達題墓庶妣張氏祔葬於左　賜進士第文

林郎江西廣信府上饒縣知縣關捷先題墓神道碑裏
陵知縣族孫炎琦追撰

明贈嘉議大夫兵部左侍郎原任四川夔州府知府
朱公神道碑

賜同進士出身原署山西襄陵縣知縣前署孝義
縣事族孫炎琦撰文并書丹篆額

昔漢治多循良吏至六朝而衰矣而宋元嘉中始興
從事朱萬嗣少豫獨以廉聲振海內讀史者豔稱之
明祖奮起布衣重親民吏吏治號不污至中葉而衰
矣而我八世從祖夔州公仕神宗朝以治行第一拜
璽書之賜夔州廟祀至今朱氏自兩漢三國以來人

物盛於東南爲甲族四姓稱首而其良吏俱出嶺表
南海九江支系又始興分也然則公之經德秉哲以
追配於前人者豈偶然哉公諱讓字次夔號絅庵先
世居始興北宋改曰保昌爲保昌人南渡末季有諱
元龍者奉令甲徙南海汔今爲南海人徙居七世至
公考文直蚤卒公貴贈承德郎公旣幼孤敦敏嚮學
治毛詩戴記能嚌其精與陳參政萬言陳同知良珍
從兄通判謨結侶劘切舉嘉靖三十七年鄉試公車
十六載始成萬歷二年進士初授福建南平知縣調
繁江西臨川再襄鄉試事作令兩考擢南京戶部河
南司主事差權浙江北新關晉員外郎郎中皆在戶

部以京察高第簡授四川夔州知府南平當八閩之衝困於供億公務以隳貸息民谿水暴漲壞田廬漂人畜公不竢報碾放倉粟主者難之公奮曰文牒往來溝瘠何賴有譴令自當之無它及也又竭私俸四賑民獲更生臨川人苦歲運竄者至傢債妻息以應公類其衆姓置一人爲長酌里道中爲儲計畝均輸江航漕輓往來稱便邑有金隄溉田萬頃圮廢百年莫能脩繕公殫力經營靈谷欒水閘功成永賴比遷邑人祝轅若失怙恃其莞戸部也辜榷權衡登降偃僂與傭卒䊢作胥吏莫能爲姦差督浙關揃貪疏滯宿弊汎埽暇則校士武林指授經義名士多出其門

其守夔州也請巡按行一條鞭法瘁心贊畫官民帖
帖不倘張而事集會大旱精誠露禱僅二日而雨霑
足夔人呼爲朱水銛箭只書躬親料量勤幹爲列縣
表率數月而夔大治頌聲讙騰院司交薦於是天子
欲大用公降璽書勞曰朕撫有方夏軫念民艱每思
良二千石布德宣化嘉予天下維新而於典郡尤亟
其有治行明章薦剡茂騰者特簡其人而畀之以旌
前勞而勸來勣璽書豈有愛焉爾四川夔州府知府
朱讓惠從公溥威以廉生著鉤距擿伏之神塞奔競
夤緣之竇薦書特最朕用嘉焉茲授爾階中憲大夫
爾膺茲榮寵益當勵報稱之能果其績並冀黃將採

一郡之政成而召卿矣子大夫其敬承之公遂入覲旋至公安偶疾憩驛喟然曰余甲戌場前夢蠶滿衣襞蜀古蠶叢地也余字次蘷今次蘷矣遽引疾歸公爲人宣髮廣顙目秀而慈未嘗示骯髒之色與人言不衣而暖然通而有執宰邑時張居正當國政尚嚴急有司迎指慘礉少恩公力持大體除苛解嬈人用大和及在曹司內閣申時行余有丁盡反居正所爲一切縱弛公數執法曰江陵特主持太過耳其綜核名實是也蓋公爲政無心寬猛亦不尙苛廉志在調劑時宜拯民疾苦使廬井見生人之樂故在政不擾既去而民慕思之當官罷都澄海唐吏部伯元喜講

學順德歐工部大任稱詩公則多談吏治三人交莫逆而趣尙不同大任嘗語人我輩喋喋寧如倉曹能及物邪倉曹公攝職也其爲名流推服如此既歸召補湖廣鄖陽知府不赴中外交章以用不盡才才堪大受薦卒不起惟日以福惠鄉閭爲事萬歷三十二年卒壽七十葬鄉西南馬山改窆之大望山祀南平臨川名宦郡邑鄉賢後四十四歲以孫實蓮卹典推恩諭祭贈公如其官配關恭人閫德最著生子疇庠生贈兵部左侍郎側室子田甸畯田庠生贈中書舍人甸庠生更名賓揚孫十五人實蓮戶部郎中卹贈兵部左侍郎伯蓮戶兵兩科給事中會蓮推官叔蓮游

擊協蓮儀蓮期蓮並庠生公蓮保蓮觀蓮現蓮覲蓮
明蓮振蓮世蓮女六人俱適名族長壻同邑陳熙昌
吏科都給事中外孫陳子壯東閣大學士兼兵部尚
書公既以治行高天下而從子署青州知府凌霄繼
之孫實蓮外孫子壯且毀家湛族百折完忠以終一
朝報禮之局論者謂公德匪直配前人也其穀後尤
遠焉公於品秩神道當得立碑而遷延有闕適者家
牒繼甄遺文用討於時宗英耆德相與太息曰薶石
幽宮冀垂久遠墓誌以之揭銘表阡殆將令百世後
式墓輸敬想見其人用以興起秀良扶樹風化不可
廢也粵求當仁式讚先烈小子無似敢述斯銘銘曰

朱氏二俊槐里桐鄉公起而參是日三艮槐里說經
公如其确桐鄉獲民公符其卓况彼少豫奮治南中
徯公嗣音豐山應鐘爲人磊磊爲官亹亹敷予腎腸
瘉爾瘡痏華嶽削天其麓則平汾澮流惡不疾以清
古號惟艮寧非豈弟有沬而濡勿毛而驁帝曰俞哉
卿可屏毗毋忽螘穴庶屹金隄拱日方東歸雲忽止
止足遺榮如聃史指以其餘恩福及閭鄉餔糜與繒
治實成梁以其餘慶賴及後昆磐石之宗忠孝之門
小子庸虛易世爲令寅守徽章懼乖心鏡隃志爰佚
豐碑肆摘世有隨淚文無愧辭
大清咸豐十年歲次庚申十二月　日

陳子壯見上祠宇譜廣東通志陳子達順德縣人崇禎六年癸酉舉人聯捷進士關捷先原名捷元南海縣籍高明縣人天啟元年辛酉舉人崇禎七年甲戌進士

謹按綱庵公墓初葬馬山詳鄉志以厥地不稱遷從今所

又按東漢始有神道碑之名詳上文劉宋時裴松之以世立私碑有乖事實上言以爲立碑者宜令上請爲朝廷所許然後得立庶可防過無徵顯章懋實繇是普斷遵行見南史裴松之傳隋唐葬令五品以上立碑降五品立碣詳上文宋制如隋唐元潘昂霄金石例云三品以上建神道碑碑於墓隧道之

左面南立螭首龜趺明會典三品以上畧如元制而降殺加詳　國朝　欽定大清通禮悉因之公侯伯碑身高九尺廣三尺六寸螭首龜趺首高三尺二寸趺高三尺八寸一品碑身高八尺五寸廣三尺四寸螭首龜趺首高三尺趺高三尺六寸二品碑身高八尺廣三尺二寸麒麟首龜趺首高二尺八寸趺高三尺四寸三品碑身高七尺五寸廣三尺天祿辟邪首龜趺首高二尺六寸趺高三尺二寸按三品用天祿辟邪首漢宗資墓前有石獸二左為天祿右為辟邪皆刻字於膊見集古錄又州輔墓亦

有此二獸見水經注及金石錄漢書西域
傳注似鹿長尾一角者爲天祿兩角者爲
辟邪明會典所云用天祿辟邪首者
殆兩獸並刻以一角兩角爲別耳　四品
至七品高眡三品遞減五寸廣眡三品遞
減二寸皆員首方趺其高均眡三品遞減
二寸自近世以來三品以上曰神道碑四
品以下曰墓碣墓表古義未之有改也
又按易代之後追立先人碑碣古多有之
隋故益州總管府司馬裴君碑銘李百藥
撰敘其開皇十六年西南搆亂總率士卒
以三月癸丑朔十九日辛未戰歿未敘其
第二子太僕少卿洛州都督府長史上柱

國翼城縣開國公勣思宏遺範大唐貞觀
十一年十月廿一日樹碑蓋裴君爲裴勣
之父鏡民鏡民死事於隋世至勣迺立碑
於唐時也房彥謙皇甫辯二碑並同按唐碑有
王顏追樹十八代祖晉司空王卓神道碑

庠生近池公妣李氏合葬墓在本鄉象山丁午嚮與上川公同墓
墓域　國朝乾隆二十五年庚辰嘉慶十四年己巳脩

鳳陽公妣李氏合葬墓在新會沙涌村紗帽山左支峯磡
下今隸鶴山縣壬嚮伯衡公祔葬墓內詳下

庠生沙村公妣陳氏合葬墓在新會水口月角山今隸鶴山縣
亥嚮

沙滸公妣李氏合葬墓在本鄉馬山亥乾嚮

庠生封文林郎湖廣武昌府咸寧縣知縣後溪公妣封孺人陳氏合葬墓在新會石田村蓮花山今隸鶴山縣艮丑嚮墓域明天啟三年癸亥建　賜進士第太中大夫資治少尹浙江等處承宣布政使司左參政分巡金衢兵備道前任廣東學政張邦翼題墓墓地闊三丈四尺長三丈四尺

題名碑錄張邦翼湖廣蘄州人萬歷二十六年戊戌進士廣東通志張邦翼萬歷四十一年任按察司副使按張邦翼迺後溪公子湛一公萬歷丁酉楚闈分校所取士

庠生壽官龜臺公妣關氏繼妣黃氏合葬墓在新會水口蟠龍山今隸鶴山縣乾嚮墓域明崇禎九年丙子建　國朝道光三十年庚戌脩龜臺公墓表戶部主事從孫光允

撰姚關氏黃氏墓誌銘武進士及第房孫可貞撰墓地上下俱闊一丈五尺左右俱長三丈三尺三寸墓左餘地二段相連上段與墓地中隔潘墳闊六丈八尺左長一丈一尺右長一丈一尺三寸下段接連墓地上闊七丈九尺下闊六丈八尺左右俱長二丈二尺

明庠士冠帶龜臺朱公墓表

欽差監督寶泉局事戶部陝西淸吏司主事從孫

光允叩首撰

郡庠生龜臺公者光允之仲大父也自始祖至公爲第七世曾大父曰順川公配周孺人生二子長爲允大父曰後溪公以允父貴　封文林郎次卽龜臺公也公生而穎悟奇氣不凡幼卽嗜學十歲能文詞賦立就童年衣冠肅整有先民矩度弱冠補郡庠每試

與大父迭冠軍諸士稱之爲朱家雙鳳云屢挫棘闈
而力學不倦一時名士多負笈從之游允今幸列縉
紳後亦緣受業多年得於鎔鑄者深也公之學以靜
爲主淹貫經史而於聖賢奧義體勘尤精嫻習禮教
惟取法於考亭先生冠昏喪祭周旋曲折靡不恪遵
之即親迎時有以會典所存爲借用冠服者公守非
見前士禮堅不肯從學禮之士推爲祭酒天性至孝
侍曾大父疾衣不解帶兩閱月曾大父不祿公哀毀
骨立泣盡而繼以血及既殯匍匐山中踏草莽而卜
牛眠旦夕不暇得地於飛鳧山安厝成禮而心始慰
壬辰又值曾大母喪公年近六十哀痛之至猶喪曾

大父時旣合葬日日哭於墓側灌植松柏爲墓道蔭
俱手自爲之不自知其勞也居恒端謹恬靜不以父
兄子弟之貴而有矜色如大父別駕公中憲公及允
父貴顯毫不藉爲干請氣節介然與物無競而飮人
以和閭里有爭理諭片言立解訟端遂息誘人以善
委曲懇至人無不中心悅之至得喪是非靡一毫介
於方寸也預知捐館之期將易簀呼子婦諸孫齊集
榻前目淫淫泣下以先墳未脩爲言及大父後溪公
至謂吉期已定墳石已備夫復何憂公收淚頷之而
目遂瞑時萬歷乙巳年十一月二十四日酉時也距
所生嘉靖丙申年十月二十六日卯時享壽七十歲

公南海九江人諱學懋字少脩龜臺其別號也所娶
關氏黃氏兩孺人有兄將軍占遇別爲誌銘茲不具
贅
崇禎九年歲次丙子十二月二十日

明庠士龜臺朱公德配孺人關氏黃氏墓誌銘
賜武進士及第房孫可貞頓首拜撰
大父行有仲氏別號龜臺公者積學抱道之士信君
子也與兄後溪封文林郎公岡讀頖庠序中蜚譽藉
於嶺外公之所爲掞文藻闡理奧者學士大夫傳而
習之公之所爲敦禮義篤孝友者宗黨內外述而頌
之公之所爲守正不阿履和蹈順者井閭里巷服而

化之今墓木旣拱則戶部姪孫光允誌而表之而大母兩孺人合葬則有叔鴻臚公之命屬可貞誌焉可貞譾劣不能揄揚祖德然誌以實不以文敢次第而述其概元配孺人闕氏爲九江闕樂泉公次女伉儷於公脩婦道甚謹篝燈佐讀毫無倦容公時名冠庠序賓友以文會者往來接踵孺人備極中饋供奉脩潔每出其紡績蠶絲之直以佐之而孝奉舅姑色養亙怡然也奈彼蒼奪其年四十蚤世繼配孺人黃氏爲沙頭庠士黃文郁公長女孝敬而慈愛前子甚於已出前子之稍長者二人朝夕訓誨督之成學若幼者一人尤憫其失所恃撫育之恩肫篤懇摯後生二

子教以禮讓相先事舅姑則怡顏順色生平言語不出諸閫御臧獲甚肅相夫子白首相莊與後溪公陳孺人妯娌相處尤極婉致也龜臺公始末詳載墓表關氏孺人生於嘉靖乙未六月十三日巳時終於萬歷甲戌正月廿四日辰時享壽四十歲黃孺人生於嘉靖丁未閏九月二十六日酉時終於天啟丁卯十一月初八日酉時享壽八十有一歲子五人曰必遜禮部儒缺娶郭氏繼娶曾氏曰際泰庠生娶關氏曰必登業儒娶程氏關孺人出曰必昌業儒娶王氏繼娶盧氏曰必隆鴻臚寺序班娶關氏女一人適本鄉廩生陳銘黃孺人出孫男十五人嚮瑞珍俱庠生曾

元孫共十三人蘭芳玉立翩翩未艾丙子之冬合葬於新會水口蟠龍山乾嚮之原可貞從諸孫後因誌而銘之銘曰

坤道有成厥惟母德後先克相孝思維則君子好逑永配其吉合阡此邱雲和露溢封樹青葱瑩然玉質

崇禎九年歲次丙子十二月二十日

朱可貞見上祠宇譜

謹按唐宋以來碑版通例妻賢且同葬附之夫誌或別葬則別爲專誌其與夫先後葬者或亦各自爲誌考漢碑多不書妻閒有附之碑後若金鄉長侯君碑已少概見

其先後葬各爲專誌卻恆有之先葬者隸

續載司農許馘夫人碑是也馘自司農遷衞尉光和四年以衞尉代劉寬爲太尉此碑尚稱司農夫人則銘葬時馘未遷衞尉可知夫人葬後馘遷累遷至太尉是夫人因先葬而爲專誌也後葬者隸釋載

李翊夫人碑是也文云廣漢屬國侯夫人節行絜靜德配古之聖母蚤失匹壽眉耇不時憤然懒痛稱列厥迹　順川公石潭公龜

臺公配雖合葬亦用先後自爲專誌之例

會溪公妣劉氏合葬庶妣馮氏陪葬墓原在本鄉象山庚

鄉墓域明崇禎十七年甲申建　國朝康熙六十年辛

丑遷葬西方龜山午鄉

庠生萊洲公妣陳氏合葬墓在新會寶鼎山今隸鶴山縣捷泉

公墓下之右丁嚮

粵軒公妣陳氏合葬墓在本鄉蝸山（鄉志作花山）庚嚮墓域明萬歷三十二年甲辰建墓誌銘戶部主事曾仕鑑撰

明處士粵軒朱公偕配孺人陳氏合葬墓誌銘

承德郎戶部江西清吏司主事前　內閣　制勅房中書舍人專撰　誥勅兼校　玉牒　實錄充正史官加俸二級眷生曾仕鑑拜手撰

烏虖此處士粵軒朱公偕配陳孺人之墓也公諱學度字越伯號粵軒世居南海九江鄉曾祖仕和祖文錦廣西靈川文學是爲余外祖也父宗程鄉之善士母岑氏子三人公其仲也公幼業儒已而棄去以勤

儉起家孝親睦族鄉里稱之性剛直好施至有橫逆加者歎缺而已人皆服其量喜飲酒不輒醉翛然林壑與物無忤有晉代風流年方艾陳孺人歿矣鰥居者十二年孺人父陳宏道生同里嫻於姆訓歸之日孝事舅姑和於妯娌祭祀燕享無不親執其事相夫以成家業稱賢婦云公生嘉靖甲午年七月初三日卯時終於萬曆乙未年九月缺二字日缺時享年六十有二孺人生嘉靖壬辰年九月初四日午時卒於萬歷甲申年八月十五日缺時享年五十有三子三人長繼鳳廩生娶順德缺華陳氏次繼芳庠生娶本鄉曾氏次家聘娶本鄉陳氏女二長適庠生缺三字次適

闕璇孫男六璧宴環瑤琁珣餘缺八字長許聘新會易
繼齡餘幼萬歷甲辰二月二十六日未時合葬於里
中蝸岡甲山庚嚮之原長男繼鳳特來請銘余迺按
狀而爲之銘銘曰
卓哉朱君鄉隱德缺九字濟美子若孫我銘斯邱皦如
日
萬歷三十二年歲次甲辰二月二十六日

曾仕鑑見上

歲貢生南雄府保昌縣儒學訓導碧潭公妣陳氏繼妣黄
氏合葬墓在本鄉象山丁午嚮賡廷公雲龍公沛亭公學聞公祔葬墓内並詳
下墓地上闊七尺七寸下闊一丈四尺九寸左長一丈
四尺二寸右長一丈七尺一寸后土餘地闊七尺二寸

長丈六尺二寸

懷源公妣關氏合葬墓在大同松子崗巳丙嚮墓域明桂王三年己丑即國朝順治六年建

八世庠生旋江公妣黃氏合葬墓在大雁山大貴人峯丑癸嚮芬泉公祔葬墓內詳下墓域明天啟元年辛酉建　國朝道光三年癸未脩墓地上闊一丈一尺八寸下闊一丈三尺左右俱長一丈九尺

庠生沛江公妣易氏合葬墓在大雁山大貴人峯癸嚮墓域明天啟三年癸亥建

長江公妣關氏合葬墓在大雁山大貴人峯癸嚮墓域國朝道光三年癸未脩墓地闊一丈七尺七寸長一丈一尺五寸

九華公妣黃氏合葬庶妣易氏黎氏陪葬墓在本鄉蝸山

鄉志作辛嚮連台公祔葬墓內詳下墓花山地闊一丈二尺長七尺

庠生敬源公妣陳氏合葬墓在西樵山金甌村大富岡坤未嚮懶庵公百生公祔葬墓內並詳下墓域　國朝乾隆五十一年丙午脩墓地闊二丈一尺長二丈五尺

鎮岡公妣關氏繼妣黎氏合葬墓在大同大塘岡艮丑嚮祔葬愛竹公墓

樂素公妣胡氏合葬墓在新會繼龍山寅艮嚮祔葬南洲公墓墓域明天啟七年丁卯建　國朝道光二十年庚子脩

聯岡公妣關氏合葬墓在大同赤磡岡亥嚮祔葬見岡公墓

九潭公妣陳氏合葬墓在新會大園村睡犬山今隸鶴山縣酉庚嚮墓域明天啟四年甲子建　國朝嘉慶二十一年

丙子脩墓地上闊四丈四尺下闊三丈左長至曲二丈右長包曲三丈三尺曲闊一丈二尺二寸長七尺五寸

念洲公妣關氏繼妣李氏合葬墓在本鄉蝸山鄉志作花山玉帶基申庚嚮

丙江公妣胡氏合葬墓在本鄉蝸山鄉志作花山玉帶基申庚嚮

奇山公妣曾氏繼妣李氏合葬墓在本鄉鎮山丁嚮浩源公祔葬墓內詳下墓域國朝道光二十九年己酉脩

念畦公妣梁氏合葬墓在新會傑洲村官山嘴今隸鶴山縣艮寅嚮參吾公祔葬墓內詳下

庠生湛源公妣關氏合葬墓在本鄉大望山辛嚮墓域

國朝順治九年壬辰建墓誌戶部主事關家炳撰墓地闊二
丈四尺長
二丈八尺

明庠士湛源朱公偕配安人關氏合葬墓誌

賜特用出身南京戶部江西清吏司主事前戶部
司務眷姪關家炳頓首拜撰并書

湛源公者配余姑關氏蓋丈人行也始余髫齡與公
二子游每遇公輒謂孺子可教爲談經術之要期待
甚至余心德之及游宦南北郵牘相傳聞公強健未
嘗不歎爲儀型也崇禎甲申余歸自留曹獲從杖履
見公神明茂甚學似伏生而化導方諸王烈越五載
公近百齡溘然長逝所謂人之云亡邦國殄瘁非邪

又三載壬辰公諸孫官銘等捧狀詣余請爲墓誌烏
虖伯仲未克大顯而諸孫能振緒而光大之余安得
不爲公與安人誌哉公朱姓諱大仕字宏通號湛源
先南雄保昌人祖元龍始遷南海九江上沙里父號
雁屛母黄氏生公及弟二人少攻舉子業每操觚爲
文恒俯視有杜必簡之風顧迺數奇不售竟以邑庠
終迺效伯居陶朱蓄積饒富以貲雄里中時公雖隱
處朝夕不廢學以經術訓二子皆有聲庠序而長子
遂以明經起貽及諸孫蔚爲國華里中稱善教者必
首公云惟公樂易簡直孝友攸篤年逾九十聰明不
衰預知卒期先就正寢翛然而去安人與余生同里

父號峻山余從叔祖也淑善謚慈實稱克相先師民

部員外郎朱光允曾謂余曰婦德四夫人有焉其見

重於子姓之賢者如此公子二人長光瑜歲貢生次

光瑋郡庠生皆先公卒女五人俱適同鄉孫六人官

銘欽授理刑官鏡儒生官泰庠生官慧官殿官顯及

曾孫藍英等十人以壬辰年六月初二日寅時奉公

與安人合葬於本鄉大望山坐乙嚮辛蓋公耆耄時

預營也余不敏忝戚末熟知公與安人謹誌其概以

詒後人也夫

順治九年歲次壬辰六月初二日

關家炳見

上祠宇譜

謹按易代後仍以故官繫銜亦有所本隋
既入唐陸元朗猶稱大業故官（唐新建觀音寺碣書）
（武德五年國學助教陸德明撰）梁久代唐韓致堯猶稱昭
宗故官（裴郡君祭文書前翰林學士承旨銀青光祿大夫行尙書戸部侍郎
知制誥昌黎縣開國男食邑三百戸韓偓）然則戸部列前朝出
身歷官自是古式
法予公妣曾氏合葬墓在本鄉象山寅嚮墓域　國朝順
治十五年戊戌建
西郊公妣陳氏合葬墓在新興（據舊譜脩）
赤完公妣嚴氏合葬墓在本鄉月山艮嚮墓域明崇禎十
三年庚辰建　國朝康熙十六年丁巳脩墓誌戸兵兩

科給事中族姪伯蓮撰

佐吾公妣關氏合葬墓在本鄉大望山癸子嚮

明宇公妣鍾氏合葬墓在本鄉西方龜山巳巽嚮忠甫公而達公應傑公祔葬墓內並詳下墓域　國朝咸豐十年庚申脩

後林公妣梁氏合葬墓在新會古琴晚市今隸鶴山縣據原主脩

龍池公妣高氏合葬墓在新會後園嶺今隸鶴山縣午丁嚮墓域明崇禎八年乙亥建墓地闊一丈四尺長一丈四尺

月灣公妣李氏合葬墓在本鄉月山艮嚮墓域明崇禎元年戊辰建墓地闊一丈三尺長一丈八尺

佑吾公妣曾氏合葬墓在本鄉馬山亥壬嚮　國朝道光二十八年戊申脩墓改嚮戌辛墓地上下俱闊三丈五尺左長一丈七尺五寸

右長一丈四尺五寸

樂波公妣潘氏合葬墓在本鄉西方龜山壬嚮敬波公祔葬墓內詳下墓域　國朝康熙十八年己未建

庠生選貢白岳公妣陳氏合葬墓在番禺賊旗山支峯巽嚮墓域明崇禎十年丁丑建見庵公妣蕭氏墓祔墓右詳下墓地包臺下欄口左右石柭二條左柭至右柭闊六丈三尺自欄口至白岳公墓前長二丈七尺自白岳公墓後至中界石柭長三丈八尺自中界石柭至后土長三丈自欄口至后土共長九丈五尺上闊如下

賊旗尋墓石記

積感可以召無形致非望穹壤之於人寥乎邈乎然崩城隕霜涌泉彗日有時而應況祖孫之氣可翕而聚英哲之靈不澌而滅者乎我七世從祖白岳先生

諱完字季美晚號白岳天下稱白岳山人爲中明名士行蓺具　欽定書畫譜列傳及地方志乘諸書顧歿客異縣厥嗣中衰遂無有知其墓者卽鼎所聞於故老或曰在龍眼洞而里人祀之於社也或曰地近虹岡卽荆墅之旁爲墓也言人人異且不知其失自何時惟乾嘉中處士凝翰公所藏家譜手注有公墓在省城東門外厰旗山歷年失祭乾隆乙酉伊孫尋獲碑文猶存等語維時處士物故垂四十年所云伊孫久淪泉壤厰旗縣亘數十里岡巒蔽虧蟠天際海於何詢訪用耿諸懷歲辛亥議脩家譜凡先世墳塋所在不憚搜巖剔蘚冀益見聞獨於先生有遺憾族

子瑞麟至性人也往來番禺較習屬其縣金購諜頗亦有年丙辰冬杪有闖門齎瑞麟書求見者詰之則告墓邀賞者也驗所搨碑文良是亟罄囊出三十餘金付吾宗老成者曰學農曰允惇合余仲兄隱石隨以俱往舟而涉者百四十里而遙抵省垣東郭舁而進者又五十里而近至鑲旗西隅焚薙斬翳而三墓出焉中墓題有明高士白岳朱公暨配字踰逕寸波礫如新若有護持者然右墓題淑人蕭氏子曰應響因子知母蓋即先生子婦而護衛指揮使司指揮使諱端揆號見庵室也左墓碑已毀然與淑人分列左右疑即護衛公墓未可知事狀既眞列宗咸喜適余

叔兄子襄自晉假還遂以明年正月偕李宗人備儀省祭禮也壬戌發於鄉丙寅宿於次眉耇譽髦鵠從有懌翌日丁卯迺刑牲而讀祭曰烏虖先生德芬雪白蘭薰先生翰墨金石不蝕先生之存蘭錡蒲輪先生之去雲霄一羽謂言慶餘猶有鬼神何悟忽諸迺痛斯人鴻名兩間遺瘞七尺相望百年三披荆棘眇眇末孫躋壟而號簪舄不歸涕泗增勞昔孟軻氏墓出宋元豐寀顯寀晦從汙從隆雖聖與賢無如命何時數有奇於人則那烏虖富貴何常以不亡亡大矣夫子與造化亢烏虖天之所奇我之所大下馬一陵斯千萬歲是日也林籟助哀皋禽弔若村墟觀禮巷

無居人萬頭如黿異音同歎尤可異者開歲涉旬曦陽不曜省牲之夜雲陰解駮將事之日麗旭昇霄天地開除四山一矖更若有不偶然焉者叔兄謂是役當以文紀覼縷顛末惟子宜余惟劉更生有言死者無終窮也而人事之脩廢靡常告我孫子俾知祖宗雖遠誠至斯通賢哲云亡英靈不泯自茲以往麥飯魚羹世世承事而勿敢告勞焉其可也咸豐七年太歲在彊圉大荒落孟陬族孫宗琦記

路程附

起絲東較場口過東明寺瘋院前沙河橋燕塘墟東平社學行盡白雲山及惡山尾至犀牛角村即守本墳吳姓之居絲吳姓居過東坑西坑平度一嶺至白沙涌榕樹頭經大橫樓小橫樓山下到毓旗鄉轉山坳即白岳公墓所總約四十里往返一日可至

志童公墓在大同尹公岡丑艮嚮墓地闊一丈五尺長一丈八尺

增生贈徵仕郎中書科中書舍人莘穉公妣封孺人李氏

合葬墓在本鄉大望山詳鄉志乙嚮　賜進士第承德郎

吏部驗封清吏司主事李際明題墓墓域　國朝乾隆

五十二年丁未脩墓地闊一丈三尺長一丈零三寸庶妣方氏別葬本

山甲嚮樂琴公穀庵公祔葬墓內並詳下墓域　國朝乾隆五年庚申

遷建墓地闊七尺六寸長八尺三寸

廣東通志李際明順德縣人崇禎十三年庚辰進士

廪生贈嘉議大夫兵部左侍郎　諭賜祭葬原封文林郎

浙江湖州府德清縣知縣箕作公妣贈淑人原封孺人

易氏合葬　賜塋在本鄉鶴岡詳鄉志坤未嚮墓域明桂

王四年庚寅（即國朝順治七年）建　國朝乾隆二十一年丙子

脩墓誌來孫天瓊撰

明贈嘉議大夫兵部左侍郎箕作朱公偕配贈淑人

易氏合葬墓誌

來孫天瓊叩首撰

公諱疇字可敘號箕作迺進士中憲大夫夔州知府鄉賢絅庵公嫡子始祖獻謀公八世孫也年十五補邑庠以文行兼優食餼及子貴封文林郎著駿發閣集朞適亭稿行世生於萬歷乙亥年九月初八日未時終於唐王丙戌年五月廿六日巳時享壽七十二歲淑人迺新會橋頭鄉永昌軍民府易公諱道源之

女少讀書至老手不釋卷工詩歌八法四德咸備以
子貴封孺人著名閨吟蘭圃草藏於家生於萬歷丁
丑年七月初十日戌時終於崇禎壬午年九月初六
日戌時享壽六十六歲生男三人長公蓮蚤卒次實
蓮未冠中式鄉試第三名歷官主事贈侍郎三會蓮
邑庠授推官桂王二年戊子公與淑人均邀誥贈賜
祭葬遂以庚寅年奉公暨淑人合葬於鶴岡坐艮嚮
坤兼丑未之原瓊等今脩厥墓謹述其概如此至公
與淑人行誼詳載各志乘列傳中茲不復贅焉
乾隆二十一年歲次丙子季冬吉旦
謹按碑有追立誌銘古鮮追立者然亦有

之周豫州刺史淮南公杜君墓誌杜舉茂才仕於周誌敘其遇周祚之傾覆會新祚之流移與夫人馮氏合葬龍山嗣子洪貴六人及孫恆周三人等蓄曜珠泉潛華玉岫曾孫善達義節等八人遠謝弓裘遐慚落構恐陵谷缺遷勒諸貞石云云是其石爲曾孫所追立也故末有大唐儀鳳二年歲次丁丑五月七日彫瑩工訖一行箕作公墓至來孫始刊誌石殆亦以運值元黃舊門多故與杜誌所謂遇周祚之傾覆會新祚之流移者情事正同也

又按碑版廣例謂前此書詒追贈皆以其人自有勳勞歿而褒恤未有以子孫獲贈見書者至唐中葉此例始多趙叡冲碑敘元宗朝以嗣子參掌綸誥追贈公虢州刺史夫人平陽郡太夫人肅宗朝以次子節制方面累公太常卿其標題曰唐故同州河西縣丞贈虢州刺史太常卿天水趙公之碑段行琛碑敘其鄉賦甲科而不著官位碑首先書府君之子四鎮北庭涇原節度使開府儀同三司御史大夫秀實追琢貞石光昭先考下書廣德二年大歷十年十

三年三次追贈府君至揚州大都督夫人
至忻國太夫人其標題曰大唐贈揚州大
都督段府君神道碑銘專書贈職不書故
貲以故貲爲不足書也箕作公誌標題不
列故貲用段碑例
又按本誌兼詳公暨淑人平生著撰與絅
齋公誌同此亦有所本開元中陳憲墓誌
云嘗著中道通教二論注周易撰三傳通
誌廿卷集內經藥類四卷合新舊本草十
卷並行於代此爲碑誌臚載箸書之始
庠生則明公妣羅氏合葬墓在本鄉馬山巽嚮庶妣鄧氏

祔葬墓前墓域明宏光元年乙酉即國朝順治二年建　太子太保禮部尚書詹事府掌府事兼翰林院學士外甥陳子壯題墓

陳子壯見上祠宇譜

懷玉公妣曾氏合葬墓在本鄉月山庚嚮原任中書科中書舍人兼撰　誥勅梁允廉題墓墓域　國朝康熙七年戊申建道光二十年庚子脩飛泉公祔葬墓內詳下墓地闊八尺三寸長一丈三尺二寸

廣東通志梁允廉順德縣人唐王元年乙酉舉人

拔江公妣曾氏合葬墓在本鄉象山近池公墓左丁午嚮榮爵公運我公接坡公郁軒公祔葬墓內並詳下墓域　國朝乾隆二十五年

庚辰嘉慶十四年己巳脩

會泉公妣葉氏合葬墓在本鄉象山近池公墓左與拔江公同墓丁午嚮敬山公建遠公隱吾公祔葬墓内並詳下墓域 國朝乾隆二十五年庚辰嘉慶十四年己巳脩

庠生養吾公妣丁氏合葬墓在本鄉象山上川公墓右丁午嚮天行公國雄公淩江公祔葬墓内並詳下墓域 國朝乾隆二十五年庚辰嘉慶十四年己巳脩

盛泉公妣關氏合葬墓在本鄉象山上川公墓右與養吾公同墓丁午嚮可君公祔葬墓下詳下墓域 國朝乾隆二十五年庚辰嘉慶十四年己巳脩

伯衡公妣李氏合葬墓在新會沙涌村紗帽山左支峯磡

下今隸鶴山縣壬鬻祔葬鳳陽公墓

增生封文林郎廣西柳州府融縣知縣太一公妣贈孺人

關氏合葬墓在本鄉牛山丙午鬻海若公祔葬墓內詳下墓域

國朝道光十年庚寅遷建墓地闊六尺九寸長一丈

謹按太一公墓原在大望山詳鄉志道光庚

寅始遷今所

舉人歷任雲南寧州貴州定番州山東平度州知州署青

州府知府湛一公妣封孺人曾氏合葬墓在本鄉馬山

詳鄉志庚鬻墓域明桂王四年庚寅即國朝順治七年建賜進

士第資善大夫戶部尚書前欽差總督糧儲南京戶

部右侍郎兼都察院僉都御史工部右侍郎通政使司

通政使太常寺卿大理寺右少卿程國祥題墓墓誌銘

尚書都御史門人田仰撰

奉直大夫湛一朱公偕配曾宜人合葬墓誌銘

賜進士第光祿大夫加　太子太保兵部尚書兼

都察院左都御史（缺二字）門人田仰頓首拜撰

顯皇帝中不佞侍先大夫（缺）游安化（缺）占籍焉時吾

師南海湛一朱公來令茲邑拔不佞於（缺十二字）威宗

戊辰不佞出參粵藩公業已家居（缺二字）執掌半歲僅

得一侍杖履奉　命北還與伯子同朝則公及曾孺

人俱躋大耋（缺十二字）能言者咸頌祝之亡何粵中薦紳

（缺三字）訃至矣冢孫汝枏（缺四字）有期走使數千里奉書

請銘缺二十一字知已余殆兼之誼固不可辭也按狀公諱凌霄字宏惠別號湛一先保昌人宋季始遷南海九江上沙里厥諱元龍者公初祖也公父號後溪邑諸生以公貴封文林郎咸寧縣知縣母陳氏封孺人生男二長凌沖封融縣知縣次即公公少工舉子業弱冠補廣郡增生至萬歷乙酉以禮記中式廣東鄉試五十一名四上春官不售當是時後溪公若陳孺人缺七字不忘祿養乙未選署新興學諭聘充湖廣丁酉分考晉咸寧令尋晉滇寧州守乙巳陳孺人卒奔歸已酉入京左遷安化令秩滿士民懇留奏入 上嘉悅特晉定番知州治邑如故乙卯父後溪公復卒解

組歸已未調補山東平度州守忌者沮之謫贛州府
通判居三載壬戌致其政（缺二字）方公之爲孝廉也里
人陳貞伯誣陷大辟偕同年曾君仕鑑昭雪其寃及
署新興學諭盡心（缺六字）郤贄課藝古道相勖諸生嚴
而愛之時高要商合（缺八字）禁於端州賴公一言而解
制府嘉焉晉湖廣咸寧知縣（缺九字）值朝廷用師討播
咸當其衝公劑量得宜兵餉不加播師宿飽武（缺七字）
治行爲楚中第一當內遷矣邑有趙孟徐三家皆黷
貨人也（缺四字）監司莫敢忤其意公毅然曰朝廷設令
衞民顧剝民以事大官乎（缺五字）以待豪强屏息三家
銜之趙尤（缺十六字）江橋功甚鉅會趙爲吏部索蚨不應

遂還擠安化安化新造邑也前令多缺三字避廨舍有
祟不宜居公曰妖不勝德卒居之上官議遷邑治公
缺三字衙倉庫獄七十餘間官鏹不足以俸佐之時方
繕缺二字奉命採木作令三載半爲涪州得材一千有
奇而民不擾初安化戍卒以缺四字導苗缺五字遺棄以
蔽辜公白兵憲劉公嚴失事之罰犯無赦兵苗獲戢
邑鄙無射策甲科者有之自余始公之教也公爲吏
嚴而不殘不屑缺六字事一錢無所私利興害革視官
猶家也民之愛之如父母也當擢得畱歡聲動地至
今猶思之榷關贛州有闖商於江中溺缺百錠缺四字
越境來訴公缺六字以其半爲公壽不許商迺飾儲潭

廟而勒其事於石其廉察皆此類也公所居無赫赫名去輒見思新興安化皆碑其績不獨贛州始（缺五字）及歸所居僅庇風雨祀先恪謹恭其兄（缺四字）訓子姓以禮督課考成伯子光允猶子光祖相繼舉於鄉尤負識睞楚闈得張邦翼穆天顏王同謙成進士咸寧得趙鬭芳寧州得張正道劉廷祚皆躋通顯不佞仰錄錄負公多矣九江瀕海多盜當塗奉公爲約長化導其人輯會約一書歲時（缺五字）申明之表正鄉閭有王彥方太邱長之風宰邑者皆嚴重焉里人受蔭垂二十年及卒咸咨嗟流涕云配曾孺人知州曾儲孫女父宏彝母林氏幼好讀論語善鼓琴年十九歸公

事翁媪得其歡心公什九宦游創室訓子皆成其志
中外諸姻下逮臧獲恩禮周渥癸卯覃恩封孺人公
之宦寧州也孺人選一姬侍公將就道矣公以書力
卻垂老不置媵妾論者兩賢之公耄年多病孺人躬
侍湯藥歷寒暑不倦平居無妄言怠容足不履中庭
事神祇務竭誠不諂不瀆嘗曰人能隨事盡道子孫
效之必昌幽有鬼神猶明有聖賢皆呵護善類若爲
不善而佞佛持戒得罪反深見理明確宗戚欽之生
男二長光允乙卯舉人官戶部主事娶知縣陳超然
女次光衡邑廩生娶憲副譚維鼎孫女皆先卒女一
適孝廉盧雲之子盧炯然孫男四人汝栟邑庠生汝

杞允出汝楝邑庠生汝燊衡出曾孫今二人公生嘉靖戊午年二月初九日午時卒崇禎己卯年七月二十一日子時享壽八十有二孺人生嘉靖己未年十月缺三字日巳時卒永歷丁亥年三月初九日缺時享壽八十有九汝枏等以永歷庚寅年閏十一月十一日子時奉公及孺人柩合葬於里中馬山庚嚮烏虖令缺於朝者缺出天下可以長治不亂賢人缺二字邦國殄瘁詎不信夫謹爲之銘銘曰

粵有神君踵武朱邑楚粵滇黔恩流化及缺二字南贛狠虎爲缺四字棄令名不缺十七字桐鄉戴我以下並缺

永歷四年歲次庚寅閏十一月十一日

題名碑錄程國祥應天府上元縣人萬歷三十二年甲辰進士田仰見上祠宇譜

儒士冠帶復庵公妣郭氏繼妣曾氏合葬墓在本鄉蝸山鄉志作花山嘴酉辛嚮含素公養素公祔葬墓內並詳下墓地闊二丈一尺長一丈一尺

襟宇公妣闞氏合葬墓在本鄉象山庚嚮敬吾公祔葬墓內詳下墓地闊一丈長一丈三尺

廩生惺宇公妣陳氏合葬墓在本鄉蝸山鄉志作花山庚嚮墓域明崇禎元年戊辰建墓誌銘撫州知府黃應秀撰

明廩生惺宇朱公偕配安人陳氏合葬墓誌銘

賜進士出身中憲大夫江西撫州府知府前戶部貴州清吏司郎中　欽差監督山東河南兩省糧儲兼管漕運通家眷姪黃應秀頓首拜撰

公諱繼鳳字肖陽號惺宇別號五如始祖由南雄珠
璣巷遷於南海九江上沙里曾祖文錦靈川博士祖
宗程父學度子三人公其長也少穎異絶倫爲季父
保昌司訓朱公潤期許弱冠綜羣書攻二戴 神宗
皇帝登極羅旁山寇反側兩粵開府殷公正茂討平
之命立東安西寧縣徵我廣南海人士爲庠序光公
裒然進選西寧庠生於督學文公可大繼授廩餼於
督學陳公壁而公不以文藝先德行孝事二尊人定
省勤而溫凊謹伯茂才淯年將耄兩子先逝公以事
父者事之日有三朝之禮及其癠也問寢視膳葯味
親嘗送終之禮動遵古訓與同袍諸人結雅言社於

牛山麓郎太史余公孟麟所題繹思堂處也連年論
文相嗣而蜚聲科甲如金部余兄黃應舉孝廉鄭公
融等皆公麗澤之益也八戰棘闈不售士林惜之公
無慍色所著有詩賦全集中秘曾公仕鑑愛而奇之
叔中憲公讓養高鄉園公以猶子過侍輒竟日劇談
中憲公嘉其力能體驗云歷年既久奄及歲薦竟以
天年不逮悲哉公生嘉靖庚申年八月十五日辰時
卒於萬歷甲寅年十二月二十八日申時享年五十
有五配孺人陳氏順德北華村高士陳尼恭仲女適
御史陳公珷之孫女也孺人生嘉靖乙卯年十一月
初六日子時終於萬歷戊午年七月初七日子時享

壽六十有四男二長璧南海庠生娶大同郭氏繼娶本鄉陳氏次環儒士娶本鄉趙涌曾公偉之孫女女一適甘竹逸士譚育德孫男缺人孫女缺字二子孫蕃昌厥後未艾長男璧以弟環之先卒也奉公與孺人柩附葬於里中蝸岡坐甲嚮庚之原余與長公茂才璧雅同筆硯一十餘載同進庠序昕夕論文業蒙公之麗澤今公與孺人葬誼當執紼王事靡盬但以辭表其行而爲之銘銘曰

烏虖翁乎儒林赫赫沛國之英萬夫之特閨幃媲美克相家業女中師表澤垂奕葉蝸山之陽雙玉斯藏我爲是銘壽熾寖昌

崇禎元年歲次戊辰缺月缺字三日

廣東通志黃應秀南海縣人萬歷四十七年己未進士亦見九江鄉志

庠生涵宇公妣曾氏合葬墓在本鄉蝸山鄉志作花山庚嚮墓域明崇禎十七年甲申建唐王二年丙戌即國朝順治三年

國朝乾隆三十四年己丑脩墓誌銘無錫教諭從姪伯蓮撰

明庠生涵宇朱公偕配安人曾氏合葬墓誌銘

乙榜進士直隸常州府無錫縣儒學教諭從姪

伯蓮頓首拜撰

公諱繼芳字肖恩涵宇迺其號也宗派自始祖獻謀公繇南雄遷於南海九江至公爲八世孫即絅齋公

諱文錦爲廣西桂林府靈川學廣文歷署興安義寧
兩縣知縣之曾孫祖宗程父學度爲鄉善士公兄弟
三人公居仲幼穎而敏弱冠進西寧庠爲督學羅公
所首拔與刑部黃君應舉孝廉鄭君融暨先君兄弟
結雅言社於牛山麓先君視公如同氣伯蓮視公爲
猶父三善兼全四德共勵詩文（缺二字）友愛逾深公持
躬廉介接物和藹且建祠宇以妥先靈尚推解以濟
貧乏於世情得失淡如也爲社中約長二十餘年公
正服人遺德餘澤至今老少猶稱道不衰後嗣克昌
實賴公所貽云配曾孺人迺趙涌逸士曾維（缺）公之
女孝敬庭幃禔躬淑慎儉勤素著愛利及人所謂萊

婦鴻妻令德與齊是也公生於隆慶丁卯年八月十三日申時終於天啟癸亥年七月十三日巳時享年五十有七孺人生於隆慶丁卯年十月初四日丑時終於崇禎丁丑年五月十八日辰時享壽七十有一男二人長宴府庠生娶譚氏次瑤業儒娶黃氏女一適府庠生吳缺二字 孫男八人國臣邑庠生娶關氏國維業儒娶關氏國材府廩生聘曾氏國權國綱國紀國經國柱俱業儒孫女四人曾孫二人俱幼方興未艾公與孺人卜今崇禎甲申十月十三日未時合葬於蝸山坐甲嚮庚之原蓮習公行誼最悉故誌而銘之銘曰

天佑世德誕生我公雄才碩德品高道隆性成孝友
文行可風齊徽二南媲美前哲茹藿甘藜同心固結
外正內賢金瑩玉潔維山與高維水與長緜緜奕奕
毓秀騰芳永沾福祿悠久無疆
崇禎十七年歲次甲申十月十三日

海玉公妣陳氏合葬墓在本鄉蝸山（鄉志作花山）庚嚮墓域明
桂王二年戊子（即國朝順治五年）建墓誌銘新寧知州曾陳詩
撰（墓地闊一丈長二丈）

明逸士海玉朱先生偕配安人陳氏合葬墓誌銘
奉訓大夫知廣西新寧州事前雲南同考試官
通家眷弟曾陳詩頓首拜撰

海玉翁姓朱氏諱家聘字肖湯海玉其别號云宋季
有諱元龍者自南雄徙南海九江上沙里是爲朱氏
始遷之祖六傳而至文錦號絅齋任廣西興安知縣
文錦生宗程宗程生學度號粤軒即公父也公天性
孝友兄弟三人長曰繼鳳次曰繼芳皆諸生長候貢
矣公以學不售輒歎曰人生寄耳何必祿養方爲孝
乎吾翁嗜酒儻得子母錢成足吾翁杖頭費膝下盡
歡吾願畢矣於是治生産未幾豐比陶朱日醉父以
醪醴延師教子周人之急如饑渴荒年爲粥賑饑多
營置嘗業以供俎豆公族貴盛科甲相望明經文學
常數十輩莫不稱公善治家是亦爲政云公生隆慶

辛未年六月二十七日子時卒於天啟乙丑年三月
二十六日巳時享年五十有五配陳氏太和鄉左源
陳公長女溫厚貞靜孝事二親和於妯娌勤儉宜家
和丸訓子生於隆慶癸酉年十一月三十日未時卒
於順治癸巳年十二月十一日戌時享壽八十有一
丈夫子四長玹娶龍山蘇埠周氏次璐次璿衡廣庠
生次璣業儒皆娶本鄉關氏女一適洛口關應鼇孫
殿魁殿佐玹出殿采殿賡殿昇殿孚殿獻璐出熊夢
熊貽熊詵璿衡出洪任洪俊洪傑璣出曾孫龍耀玹
之子出公先戊子年三月初一日未時葬於本鄉蝸
山枕甲趾庚之原從父塋也至甲午年十一月十六

日寅時諸子奉母陳氏合焉請碑銘於曾子曾子曰余先子與公伯萊洲公同學最知厚異姓骨肉也公叔廣文碧潭公兄惺宇公皆余業師而從叔太守絅庵公師余祖友余父視余兄弟猶子余從兄戶部洞庭爲絅齋公之外孫公從兄刺史湛一公爲余從姊夫余兄孝廉乾義又爲湛一公從妹夫而絅庵公之孫贈少司馬徵龕戶兵垣淨燠湛一公之子計部松蘿姪別駕海若皆余筆硯社友公之子乾齊於余仲弟爲子女之婣故公之行誼不俟按狀悉也遂不辭而詳碑焉銘曰

蝸岡之地有前讖兮爲爾朱氏世宅安且吉兮福爾

子孫昌熾緜緜兮

順治十一年歲次甲午十一月十六日

廣東通志曾陳詩南海縣人崇禎三年庚午舉人亦見九江鄉志

賡廷公妣關氏合葬墓在本鄉象山丁午嚮祔葬碧潭公墓

南海九江朱氏家譜卷八終

南海九江朱氏家譜卷九

七世孫學懋初輯

十世孫昌瑤續脩

十五世孫[illegible]

十六世孫士報

十五世孫士仁編校

十七世孫西長

十六世孫奎元捐刊　福元　顯元

墳塋譜　墓域二　外祖墓附

墓域以宗支爲次

九世芬泉公妣曾氏合葬墓在大雁山大貴人峯丑癸嚮祔葬旋江公墓

墓域　國朝道光三年癸未脩

連台公妣黃氏合葬庶妣陳氏陪葬墓在本鄉蝸山鄉志作花山辛嚮祔葬九華公墓

懶庵公妣薛氏合葬墓在西樵山金甌村大富岡坤未嚮祔葬敬源公墓墓域　國朝乾隆五十一年丙午脩

念岡公妣關氏合葬墓在大同大塘岡艮丑嚮祔葬愛竹公墓

左塘公妣岑氏合葬墓在本鄉象山庚申嚮荆宇公用偉公祔葬墓內並詳下墓域　國朝嘉慶十五年庚午脩

華石公妣曾氏合葬墓在本鄉西方龜山壬嚮

接源公妣關氏合葬墓在本鄉西方龜山壬嚮墓域　國朝康熙十八年己未建

神岳公妣關氏繼妣梁氏合葬墓在新會大園村睡犬山

今隸鶴山縣酉庚鄉墓域明萬歷四十七年己未建

丙平公妣關氏合葬墓在新會大園村睡犬山今隸鶴山縣庚酉鄉墓域國朝康熙三十年辛未建

浩源公妣曾氏合葬墓在本鄉鎮山丁鄉祔葬奇山公墓墓域

國朝道光二十九年己酉修

參吾公妣陳氏合葬墓在新會傑洲村官山嘴今隸鶴山縣艮寅鄉祔葬念畦公墓

歲貢生海望公妣岑氏合葬墓在新會沙涌口馬山今隸鶴山縣午丙鄉墓地闊二丈五尺長二丈五尺

庠生粵珍公墓在大同松子岡巳丙鄉墓域明桂王三年己丑即國朝順治六年建欽差監督糧儲戶部江西清吏司

主事關家炳題墓

關家炳見上

念郊公墓在高明據舊譜脩高村嶺楓木樹下據姚張氏墓誌參脩姚張氏別葬本鄉飛鳳山丁嚮墓域國朝康熙十四年乙卯建墓誌候選訓導族姪國材撰咸豐六年丙辰遷葬大望山艮寅嚮

明故念郊公淑配安人張氏墓誌

歲貢生　廷試第一吏部候選儒學訓導族姪

國材頓首拜撰

安人張氏本鄉大稔社張清周公之季女材伯念郊公之淑配也生而幽靜不妄言笑以禮法自守歸相

念郊公恪執婦道里之人莫不重之念郊公喜治生曾養活於高明縣之高村偶得疾而卒因葬於高村嶺之楓木樹下焉訃聞安人朝夕慟哭幾死者數以不得歸葬爲恨嘗謂其二子連珍啟隆曰汝父爲汝曹計不惜勤苦以殞其身汝曹若不發憤成人俾得改葬於本鄉吾死不瞑目矣二子唯唯佩之不忘二十年來家日寖昌遂謀所以改葬念郊公者壬子孟夏安人疾革復謂二子改葬爾父吾之初心顧道里遙遠歷年既久夫何容易且自葬以來四十餘年汝曹頗能自立諸孫繼起焉知非吉地乎春露秋霜汝曹不以遠而時一瞻埽焉其爲孝也大矣即不歸葬

而與余合庸何傷言終而逝於是念郊公遂不改葬而以今年十二月二十日丑時奉安人柩葬於本鄉鳳山坐癸嚮丁之原國材辱愛於安人無可以報安人者於其葬也揮淚而爲之誌公諱裔權字爵汝號念郊生於萬歷甲申年八月初二日丑時終於崇禎辛未年十一月十六日亥時享年四十有八安人生於萬歷戊子年九月二十九日申時終於康熙壬子年四月二十一日辰時享壽八十有五生男二孫六曾孫允仁等餘幼方興殆繩繩乎其未有艾也并誌

康熙十四年歲次乙卯十二月二十日

覺岸公妣岑氏繼妣張氏合葬墓在本鄉西方龜山丁嚮

墓域　國朝康熙十四年乙卯建乙榜進士戸科右給事中兼兵科給事中族弟伯蓮題墓

海岳公妣黎氏繼妣陳氏合葬墓在本鄉西方龜山丙嚮

墓域　國朝康熙十二年癸丑建乙榜進士關嘉薦題墓

廣東通志關嘉薦南海縣人順治十一年甲午舉人亦見九江鄉志

節吾公妣梁氏合葬庶妣曾氏陪葬墓在本鄉蝙山鄉志作花山辛酉嚮祔葬玩峯公墓

墓域　國朝道光三十年庚戌脩

忠甫公妣關氏合葬墓在本鄉西方龜山巳巽嚮祔葬明宇公墓

墓域　國朝咸豐十年庚申脩

寧宇公妣關氏合葬墓在本鄉龕貝山鄉志作龕山原嚮丁午

改嚮丙巳墓域　國朝道光二年壬午脩孚潛公祔葬墓內詳下墓地闊一丈九尺長二丈

亭宇公妣關氏繼妣劉氏合葬墓在本鄉龕貝山鄉志作龕山原嚮丁午改嚮丙巳與寧宇公同墓素月公灣月公祔葬墓內並詳下墓域

國朝道光二年壬午脩

敬波公妣關氏合葬墓在本鄉西方龜山壬嚮祔葬樂波公墓墓域　國朝康熙十八年己未脩

都嶠公妣岑氏合葬墓在本鄉象山艮寅嚮墓域　國朝康熙元年壬寅建二十年辛酉二十九年庚午脩

庠生惟素公妣羅氏繼妣崔氏合葬墓在梅岡據舊譜凝翰公注脩

謹按岡字不見所出蓋俗字也以舊譜原

注如此姑仍之

見庵公妣蕭氏墓在番禺䃣旗山支峯白岳公墓右巽嚮墓域明崇禎十年丁丑建

偶石公妣嚴氏合葬墓在大同馬鞍山未坤嚮墓域國朝康熙八年己酉建　賜進士出身奉政大夫脩政庶尹吏部考功清吏司郎中前吏部驗封司郎中文選司員外郎主事陝西鄉試正考官尹源進題墓墓地闊一丈一尺長二丈七尺

廣東通志尹源進東莞縣人順治十二年乙未進士

震岳公妣關氏合葬墓在本鄉西方龜山午嚮墓域國朝康熙二十二年癸亥建

清海公妣曾氏合葬墓在本鄉西方龜山午嚮（與震岳公同墓）墓
域　國朝康熙二十二年癸亥建

乙榜進士徵仕郎戸科右給事中兼兵科給事中中書科
中書舍人淨煥公妣封孺人陸氏合葬庶妣李氏林氏
梅氏陪葬墓在本鄉西方龜山壬子嚮墓域（建脩年月闕）墓
誌（撰人官階名氏闕）

明徵仕郎戸兵科給事中淨煥朱公墓誌

闕

公諱伯蓮字子敬號淨煥南海九江人進士中憲大
夫絅庵公長孫邑增生莘穉公長子性稟（闕二字）幼知
嚮學年十五充郡庠弟子員屢試俱優三蹶棘闈憤

恩從業庚午取中副榜癸酉以科考冠軍登賢書二
十五名甲戌中會副歸任鄉事祖祠橋路悉力脩葺
除暴安良遐邇德之集眾萬人公呈兩臺公不居功
也伉儷賢淑中年多納妾媵爲廣嗣計李林梅馮媚
睦宜家公四十筮仕初銓直隸無錫廣文挈眷與俱
造就生童成進士者凡十八人雋一榜者指不勝屈
時值兩京淪陷公長子培源始生踉蹌歸粵道經八
閩擁立唐王明主公蒙恩遇擢中書舍人欽差回粵
覃恩贈封考妣越年陞戶兵科給事中比聞　聖駕
出延平親征亟趨行在爲時撓所阻咫尺不得見
天子怏怏罷歸深痛朝事不可爲自此多隱少出矣

公艾年蚤休稍綜家政一子五女婚配俱卿相名族締親最喜舊知務省卜訪如憲副黃柏郁儀部黃穀野節推何蘭畹中翰吳幼賡縣正關思齋皆夙昔莫逆友也生平寡飲博文議論風生與羣眾談經書奧義言言透華後輩皆以先生長者稱之不獨及門為然也長公壬子高雋副榜准貢入京才譽噪於一時公居家益高閒自得年及八旬豫卜龜山吉地壬子嚮厝元配封孺人陸太君暨李林兩安人柩俾得歸土為安（缺十二字）高詠臨池垂三十年（缺二字）所著鑑艸集五卷韻言千餘首賦序數百則行世處人坦易為懷多諧少怨盛德獲遐齡宜也公生萬歷癸卯六月初

六日闕二十二字元配陸太君生萬歷甲辰二月初十日子時卒康熙丁巳年十一月十八日卯時享壽七十有四李安人浙江仁和人享年四十七林安人福建莆田人享年五十二梅安人順德排涌人享年闕十八字

例得並勅於阡

闕

謹按裕齋公湛源公淨燠公皆自營生壙其事亦肇於漢時漢孔耽碑云年踰皓首縣車家巷觀金石之消知萬物有終始圖千載之洪慮定吉兆於天府目睹功匠之所營心欣悅於所處末又謂君年七十二

所自立作弃作畜郭云云後漢書趙岐傳自爲春秋藏圖季札子産晏嬰叔向四像居賓位自畫其像居主位皆爲贊頌凡此皆生壙之權輿也唐書姚勖自作壽藏於萬安山署兆曰寂居穴墳曰復眞堂劖土爲牀曰化臺而刻石以告後世盧照鄰隱具茨山下豫爲墓區偃臥其中李適營墓樹十松未病時嘗往寢石榻上置所撰九經要句及素琴於前司空圖作生壙每春秋佳日邀賓友游詠其上此則生壙之見於唐人者又唐碑高延福墓誌云謀龜筮

相川原經兆域畚封隧自爲安神之所此亦自營生壙之辭

又按本誌石於撰人姓名立石年月與公及梅安人之卒葬皆空而未刻誌文疑出公生前所自撰考漢杜鄴趙岐皆自誌其墓唐一代人物則韓昶杜牧亦自爲誌文又有王徵君臨終口授銘其標題曰大唐中嶽隱君太和先生瑯邪王徵君臨終口授銘下云弟紹宗甄録則亦自撰也然諸碑皆具卒日王鐵夫謂未必人人自尅死期或作者既歿而書碑者益之耳然則淨

煥公留而未刻尚爲質實

又按誌中稱公庚午取中副榜癸酉以科考冠軍登賢書考明史選舉志及南海魏志崇禎十二年始詔各省鄉試副榜准貢赴京考選知前此猶未准貢也文昌縣志又謂明制副榜尚稱庠生淨煥公係副榜應科考以此

庠生庇亭公妣　旌表烈婦盧氏合葬庶妣　旌表烈婦周氏李氏陪葬墓在新會水口雲堆村飛鳳山今隸鶴山縣據世紀脩

樂琴公妣黃氏合葬墓在本鄉大望山甲嚮祔葬莘犁公庶妣方氏墓

墓域　國朝乾隆五年庚申遷建
庠生毅庵公妣蘇氏合葬墓在本鄉大望山甲嚮祔葬莘犂公庶妣方氏墓墓域　國朝乾隆五年庚申遷建
舉人原任戶部郎中攝高明縣事贈奉議大夫光祿寺少卿加贈嘉議大夫兵部左侍郎　諭賜祭葬　皇朝賜謚烈愍祀忠義祠徵龕公妣原封孺人晉封宜人加封淑人區氏合葬庶妣蒲氏陪葬　賜塋在本鄉大望山絅庵公墓下乙嚮　賜謚諭旨　國朝咸豐十年庚申欽遵乾隆四十一年　上諭敬謹刊刻立石神道碑
襄陵知縣族孫次琦追撰
褒忠予謚

上諭

乾隆四十年十一月初十日奉

上諭崇奬忠貞所以風勵臣節然自昔累朝嬗代凡勝國死
事之臣罕有録予易名者惟我
世祖章皇帝定鼎之初於崇禎末殉難之大學士范景文等二
十人
特恩賜謚仰見
聖度如天軫䘏遺忠實爲亘古曠典第當時僅徵據傳聞未暇
遍爲搜訪故得邀表章者止有此數迨久而遺事漸彰復
經論定今明史所載可按而知也至若史可法之支撑殘
局力矢孤忠終蹈一死以殉又如劉宗周黄道周等之立

朝謇諤抵觸僉壬及遭際時艱臨危授命均足稱一代完
人爲褒揚所當及其宅或死守城池或身殞行陣與夫俘
禽駢僇視死如歸者爾時王旅徂征自不得不申法令以
明順逆而事後平情而論若而人者皆無愧於疾風勁草
卽自盡以全名節其心亦並可矜憐雖福王不過倉猝偏
安唐桂二王并且流離竄跡已不復成其爲國而諸人茹
苦相從舍生取義各能忠於所事亦豈可令其湮沒不彰
自宜稽考史書一體旌謚其或諸生韋布及不知姓名之
流並能慷慨輕生者議謚固難於概見亦當令俎豆其鄉
以昭軫慰嘗恭讀我
太祖實錄載薩爾滸之戰明楊鎬等集兵二十萬四路分出侵

我興京我
太祖
太宗及貝勒大臣等統勁旅數千殲戮明兵過半一時良將如
劉綎杜松等皆歿於陣近曾親製書事一篇用揚
祖烈而示傳信惟時
王業肇基其抗我顏行者原當多爲獮薙然迹其冒鏑攖鋒竭
忠効命未嘗不爲嘉憫又若明社將移孫承宗盧象昇等
之抵拒王師身膏原野而周遇吉蔡懋德孫傳庭等以闖
獻蹂躪禦賊亡身凜凜猶有生色總繇明政不綱自萬歷
以至崇禎權奸接踵閹豎橫行遂至黑白混淆忠良泯滅
每爲之切齒不平福王時雖有追謚之人而去取未公亦

無足爲重朕惟以大公至正爲衡凡明季盡節諸臣既能爲國抒忠優獎實同一視至錢謙益之自詡清流靦顏降附及金堡屈大均之倖生畏死詭託緇流均屬喪心無恥若輩果能死節則今日亦當在予旌之列廼既不能捨命而猶假語言文字以自圖掩飾其偷生是必當明斥其進退無據之非以隱殛其冥漠不靈之魄一褒一貶袞鉞昭然使天下萬世共知朕準情理而公好惡以是植綱常即以是示彰癉所有應謚諸臣並查明史及輯覽所載遵照

世祖時之例仍其原官予以謚號其如何分別定謚之處著大學士九卿京堂翰詹科道集議以聞並通諭中外知之欽

此

乾隆四十一年十一月初八日奉
旨原任戶部郎中攝高明縣事朱實蓮
賜謚烈愍

皇朝　賜謚烈愍明贈嘉議大夫兵部左侍郎原任
戶部郎中奉勅團練水陸義師朱公神道碑
賜同進士出身原署山西襄陵縣知縣前署孝義
縣事族孫次琦撰文并書丹篆額

大清乾隆四十一年丙申
高宗純皇帝詔曰崇奬忠貞所以風厲臣節凡勝國
死事之臣或死守城池或身殞行陣事後平情而論
若而人者皆無愧於疾風勁草各能忠於所事豈可

令其湮沒不彰其如何分別定謚之處著大學士九
卿京堂翰詹科道集議以聞議上我六世從祖原任
戶部郎中微龕公
賜謚烈愍予祀忠義祠惟時子姓感激泥首聲願
諸金石以播寵靈而大書深刻汔今未果其末孫次
琦泣而言曰深惟我公純勤大節自筮仕以汔結纓
靡不殫極血誠永矢存歿非奮發一時者比今幸際
不諱之朝其事狀迺未彰徹大行於公靖獻初衷無
憾也何以贊
聖清之光明而昭示於罔極哉僉曰善子其以銘謹
按譜牒公南海九江朱氏諱實蓮字子潔號微龕祖

讓守夔州治績冠萬歷時父疇廩膳生著文行公頎
身頳面角犀隆起腰腹十圍少須麋大音聲顧盼偉
如神人七歲能屬文與姑子陳文忠公子壯並有聖
童之目未冠舉天啟元年辛酉鄉試第三人分考江
陰李忠毅公應昇奇其文拔冠一經久在公車時望
益隆巡按劉呈瑞提學魏浣初疏舉境內人才皆第
一崇禎十三年庚辰授浙江德清知縣時中原盜熾
州郡陸沈捧檄者蹙踹懷兩端公謂撫循東南所以
戡定西北天下事尚可爲也忼慨誓行初蘇浙仍歲
奇荒繼以旱蝗民飢無食公到官綢繆賑賉存活數
萬家明年夏浙西三府大水湖州尤劇公百方拯濟

籲大府蠲緩以貸災黎不省七月浙撫劾德清崇德兩縣誤漕是時政府方倚搜括遽票旨逮治緹騎洶洶崇德令趙夔自縊公奮曰唐石烈上馬前一騶耳尚思自致於萬乘之前以鳴王將之勞烈方今聖明在上居高聽卑坐使萬物顚顉而陽澤不施羣方戴盆而天光不照臣罪不容誅矣吾寧歸死司敗救此一方民遂就詔獄獄中極陳地方荒苦大畧謂天災流行何處蔑有未有四五年來飢饉薦臻旱殘嗣虐孑遺靡定降割繼行井邑爲墟民物將盡如浙西之甚者去年夏五甫交龍水驟發蘇常嘉湖數郡鉅浸稽天吳江德清襟腹太湖如坐釜底塘栖以西尖山

以北穀蔬淪沒室廬漂蕩人畜蔽江流而下帆檣緣
木杪而渡男號婦哭天日爲昏其有乘高駕浮幸不
即斃者驚癱飢羸有孩稚推棄於漲中夫妻子母枕
藉待死於水涯者矣微臣受任未久四出揃循目擊
情形痛心酸鼻自傷爲人司牧政刑頗僻措置乖違
無以導迎祥和覆以招灾速戾使萬戶生靈顛連若
此此即肆微臣於市朝正溺職之誅謝橫死之衆是
微臣所大願也當已兩申撫按面要道府籲懇丁糧
漕白一概奏蠲發帑截運以資接濟昔宣宗皇帝聖
諭賑飢當如救焚拯溺何待勘爲煌煌大訓我朝鼎
命之隆在此也微臣方且噢咻老幼撫摩創夷勉之

以忍死須臾慰之以大澤將至而不謂漕兌嚴期突
然逼迫矣夫蘇浙數郡錢漕金花銀之偏重天下所
知也接遞脼淺諸色目穰苗撞竿等差徭取求之無
藝幫貼之煩猥天下所無也荒旱以來帶徵有三年
五年添派有練餉助餉又天下所苦也萬一賙䘏無
聞追胥如故虎冠之吏敲吸爲能藐爾殘黎展轉之
下惟有逃亡逃亡不能因而鋌險强者旣囂而動弱
者必隨而聚矣不幸或連一二城之地有枹鼓之警
國家胡能晏然而已乎比者中原多故風聲播流保
無有梟獍之徒包藏禍心乘閒思亂者初猶煽刼繼
且盜兵裹誘漸繁横流益潰陝晉楚豫其已事矣是

可不爲之寒心哉是故欲回天意先召人心欲保東
南財賦之疆先予億兆更生之樂伏願皇上獨斷聖
衷截漕駮放徵派盡蠲或令飢民濬吳淞白茅兩江
以工代賑若此則收行水之利廣澤枯之仁荅列祖
眷顧之靈弭五行飢穰之患塞姦人窺覦之竇鞏皇
圖保定之基孰與屯一時之膏釀滔天之禍而後悔
無及哉若此則微臣雖膺大僇伏斧礩且將含笑入
地矣疏入帝驚歎動容踰月普免直省存留起解上
供本折錢價百姓驩呼謂公有回天之力德清漕兌
旋亦報足獄遂解謫南直松江府照磨起臨淮縣知
縣聞内艱未赴累擢刑部廣西司主事兼兵部武選

司主事戶部郎中當是時帝知公忠實有意嚮用故
驟遷其官會憂歸而止亡何南北都相繼淪陷公忿
不欲生丙戌繼丁憂唐王亦亡陳文忠迺與廣督丁
魁楚援立永明王於肇慶故輔蘇觀生懷貳別立唐
王弟聿鐭於廣州永明王起文忠督軍務並勑公團
練水陸義師勑曰破斧之章首爲輔臣誦之次卽及
於爾矣欽哉會
大兵入廣州聿鐭執死明年春張文烈公家玉陳忠
愍公邦彥及新會王興潮陽賴其肖先後起兵公亦
以七月墨縗舉義盡毀其家輸軍實與文忠募旅於
九江舟師千餘艘多蜑戶番鬼驍勇善戰迺約忠愍

共攻廣州撫花山盜三千人僞降得守東門結衞指揮楊可觀爲內應舟師剽鋭甚一戰奪西郛礮臺焚敵樓殲突將城中大震嚴詰反側可觀事洩死三千人皆坑殺兵遂衂忠愍奔三水故御史麥而炫破高明來迎迺入攝縣事以待西師九月

大兵逼高明爲十覆迭攻之公激勸忠義晝夜登陴拒守五十日而城陷文忠被執公從容西嚮再拜齧血題絕命詞遂握刀帶雙鞬馳下冒陣而死年四十六公族父攝訓導事曰名臣亦不屈死官生區懷炅舉人區銑以下從而死者二千人城中男婦皆喋血迸命無一生降者難後其城遂空實丁亥十月二十

九日也次年永明王贈公光祿寺少卿廕一子入監御史饒元璜言諸忠臣賞薄晉贈嘉議大夫兵部左侍郎三代同官諭賜祭葬再廕子國子監助教錦衣衛正千戶恩卹有加焉配區淑人高明戶部侍郎大倫女有賢行子二國薦國藹公幼有大志雖長華膴被服必於儒者工詩文尚氣誼士類歸之至性天植事君不辟難馭眾無匿誠其發也如鬱蹶怒雷屈而必達常自誦曰吾曹既效命於世有可以尊主庇民者則忘身爲之其它禍福之來有不自我者不足較也初公之亡也

大兵義而掩之故國薦等能以喪還祔於夔州公兆

沈薶芳曜百有餘年卒能尊名茲祀朝野具瞻葢幸

逢

聖天子表正人彝允釐皇極而亦公順受天明安行

不惑故忠孝之道用光幽潛之德必發也烏虖禕哉

銘曰

公以文興鸑鷟稍增不究爾能銅墨是膺吡呼神君

官謂僇民逢憂召屯寃丁我身養其疲羸寬其搒笞

飛輓而虧吏曰不治玉階碎首闌尸甘受容臣苦口

臣死不朽帝有恩言一歲九遷有隕自天旋入需淵

刑天干舞盟津捧土既獲死所安於堂宇惟天降衷

惟

聖發蒙匪私於公惟以
教忠歸彼兆域有嚴
制勅騎下軾式是傚是則
咸豐十年歲次庚申十二月　日
謹按　欽定勝朝殉節諸臣錄諸臣
並予祀忠義祠祠內牓刊諡文姓名事實
其後裔尚存聽於祠墓鐫立碑石以昭令
典而示表揚仰見　聖量同天視天
下之善如一不以異代而歧視也伏考唐
史太宗貞觀十九年二月庚戌如洛陽宮
以伐高麗道經河南贈殷比干爲太師諡

曰忠烈命所司封墓葺祠自為文以祭之因刻石樹碑碑後列從征居守諸臣姓名凡七又用秦刻石例列長孫無忌等奏請奉勑立碑事末行云右貞觀十九年二月卅日無忌等奏請以贈比干詔并祭文刻石樹碑奉勑依奏云云又以仰見

聖人事必師古然唐代猶因事奏請我

朝則　通諭頒行尤度越千古云

又按　大清律例禮律凡歷代先聖

先賢忠臣烈士墳墓所在有司當加護守不許於上樵採耕種及牧放牛羊等畜違者杖八十

又按周官冢人凡死於兵者不入兆域凡有功者居前王氏應電謂葬以全歸爲善刑人惡其毀傷故不入兆域或疑比干杞梁皆死於兵其將不入兆域乎此不然死於社稷謂之有功可也顧氏炎武謂死於兵者不入兆域注戰敗無勇投諸塋外以罰之左氏趙簡子所謂桐棺三寸不設屬辟素車樸馬無入於兆而檀弓死而不弔者三其一曰畏亦此類也原注莊子戰而死者其人之葬也不以翣資崔本作翣杸杸音坎謂先人墳墓也若傚無存死而齊侯三襚之與之犀軒與直蓋而親推之

三童汪踦死而仲尼曰能執干戈以衛社稷可無殤也豈得以此一概歟隋文帝仁壽元年詔曰投生殉節自古稱難殞身王事禮加二等而世俗之徒不達大義致命戎旅不入兆域虧孝子之意傷人臣之心興言念此每深愍歎且入廟祭祀並不廢闕何至墳塋獨在其外自今以後戰亡之徒宜入墓域可謂達古人之意矣王氏顧氏兩家論說砭俗警愚可云痛切今夔州公孫十五人惟烈愍公得祔於兆蓋亦以殉節爲重所謂有功者居前也

庠生推官松濤公繼妣彭氏合葬庶妣鄧氏羅氏陪葬墓在順德龍山鄉鐵鑪岡乾亥嚮墓域　國朝康熙五十二年癸巳建雍正三年乙巳脩墓誌歲貢從姪元英撰

墓地闊一丈七尺五寸長一丈六尺六寸

妣蒙氏別葬本鄉馬山墓域明天啟六年丙寅建據松濤公墓誌修附

子廉公妣馮氏合葬墓在本鄉鶴岡申庚嚮

子亭公妣歐陽氏合葬墓在本鄉西方龜山丁嚮墓域

國朝康熙二十年辛酉建墓誌戶兵兩科給事中從兄伯蓮撰

明處士子亭朱公墓誌

徵仕郎戶科右給事中兼兵科給事中前中書

舍人乙榜進士從兄伯蓮拜手撰

從弟諱現蓮字子亭迺祖中憲大夫絅庵公次男郡庠生則明公之子也生當盛世幼知孝友篤學年及舞勺出與同館知友交晉接冲和無絲毫氣岸多士樂與之游莫不以遠到期之性雖能飲未嘗沈醉昏亂年方壯盛偶一違和竟爾不起同人慼悼咸訝天意難測也念弟弱冠授室白藤歐陽氏女伉儷宜家所處皆順境迺忽爾奄逝幼子國柱生甫週歲煢獨一身酸苦萬狀賴婦道持家勤謹謀兒成立家漸豐盈配婦關氏蚤舉孫枝方信天意詒報灼在後裔原不爽也弟生萬歷乙卯十一月二十四日辰時終永

歷丁亥七月初五日子時享年三十有三厥配歐陽氏壽未艾也茲當辛酉季夏男國柱諏吉奉柩葬於龜山始祖近地坐癸嚮丁之原例得節其生平勒石表墓以垂久遠

康熙二十年歲次辛酉六月二十二日

謹按婦人生存而以行誼見書於夫誌者槪見於唐故大將軍上柱國郭君之碑其文曰夫人王氏令望江東派流并部內睦六親外諧九族痛長城之永別淚染湘川悲隴水之分流更成嗚咽云云子亭公誌帶敘歐陽安人節行葢本於此

游擊飛泉公妣鄧氏繼妣黃氏合葬墓在本鄉月山庚嚮

祔葬懷玉公墓墓域　國朝嘉慶五年庚申遷建

華千公妣張氏合葬墓在新會傑洲村黃寶坑後園嶺今隸鶴山縣丁嚮墓地闊一丈六二尺長一丈四尺

庠生長齡公妣温氏合葬墓在本鄉大望山據原王脩

榮爵公妣關氏合葬墓在本鄉象山丁午嚮祔葬拔江公墓

青玉公妣馮氏合葬墓在本鄉珮山據上川房世紀脩

定江公妣羅氏合葬墓在本鄉牛山據上川房世紀脩

天行公妣周氏合葬墓在本鄉象山丁午嚮祔葬養吾公墓

舉人文林郎直隸揚州府通判海若公妣封孺人周氏合葬墓原在本鄉大墪山詳鄉志　國朝道光十年庚寅遷

葬牛山丙午嚮（祔葬太一公墓）

舉人戶部陝西清吏司主事員外郎　欽差監督寶泉局事松蘿公妣陳氏合葬庶妣張氏陪葬墓原在本鄉大望山（詳鄉志）丙巳嚮墓域　國朝順治十二年乙未建康熙三十一年壬申脩墓誌庠生從孫烈撰乾隆五十二年丁未遷葬蝸山（鄉志作花山）戊辛嚮道光十年庚寅脩

明故　欽差監督寶泉局事戶部陝西清吏司主事松蘿朱公偕配宜人陳氏安人張氏合葬墓誌

庠生從孫烈頓首拜撰

伯祖諱光允字嗣之號松蘿自始祖發源珠璣巷遂遷南海九江上沙里五世至七世皆脩文學振黌宮

入傳至湛一公登萬歷乙酉賢書歷官四十年所至有惠政伯祖卽其長子也弱冠充邑弟子員癸卯科試冠軍補廩至萬歷乙卯鄉試中式四十一名初授龍川縣學教諭入爲國子監助教轉監丞尋陞戸部陝西司主事　欽差督理錢法歷任三載竟以疾卒於官舍伯祖生於萬歷庚辰年九月初二日辰時卒於崇禎丁丑年五月二十日子時享壽五十有八伯祖母陳氏迺玉山縣知縣崑泉陳公諱超然之女生於萬歷壬午年十月十二日卯時卒於順治辛丑年正月十二日亥時享壽八十庶張氏生於萬歷辛丑年八月十六日丑時卒於康熙己巳年十月初四日

巳時享壽八十有九生男二長汝枏字木長庠生陳
氏出次汝杞字仲木張氏出前於順治乙未年先叔
汝杞奉伯祖柩安葬大望山坐壬嚮丙兼亥巳之原
今康熙壬申年十二月十一日巳時兄溥文等奉兩
伯祖母柩合葬焉烈不敏敬誌其畧如此
康熙三十一年歲次壬申十二月十一日
謹按世紀及鄉志松蘿公宦績最著鄉志
本傳稱公歿於位戶部右侍郎管尙書事
吳國仕疏請卹典事績紀錄付史館公曹
司耳身後事績至可以書國史當年建樹
奇偉可知此誌迺一無鋪敘未免寂寥然

考授堂金石跋尾載晉劉韜墓誌名字官職之外一事不書文云晉故持節都督青徐諸軍事征東將軍軍司關中侯劉府君之墓君諱韜字泰伯叔考處士君之元子也夫人沛國蔡氏蓋誌藏土中後人得見名氏便可免於鉏鋙故亦有此相傳文式耳

又按關王政撰湛源公墓碑稱松蘿公官戶部員外郎此誌秖作主事恐亦未覈辨見恩榮譜

廩生開雲公妣譚氏合葬墓在本鄉大望山丙巳嚮墓域

明唐王元年乙酉即國朝順治二年建　國朝康熙十八年己未脩墓誌銘撰人官階名氏闕

明廩生開雲朱公偕配安人譚氏合葬墓誌銘

闕

公諱光衡字開之號開雲迺授階文林郎奉直大夫湛一公之次子始祖來自南雄珠璣巷卜居本鄉上沙吉水里至公九世矣公賦性聰穎於書無不讀與胞兄主政松蘿公從兄別駕海若公自相師友二兄交讓之弱冠補邑庠試皆前列棘闈五戰未及彊仕己赴玉樓去矣生平胸襟灑脫輕財仗義工書法尤工詩飄逸幽折有李謫仙之風所著有游息齋集客話獨游草象谷戲草諸書藏於家安人譚氏新會憲副譚公維鼎孫女孝敬慈順恪執婦道生子二人長

汝棟補順德庠次汝粲業儒蚤逝女三人長適羊城
馮次適龍山梁三適本鄉田邊關孫曾繼起未有艾
公生於萬歷己丑年七月初十日寅時卒於天啟丙
寅年八月十一日申時享年三十有八先於隆武乙
酉年十二月初（缺）日酉時奉公柩安葬本鄉大望山
坐壬嚮丙兼亥巳之原安人生於萬歷丁亥年十二
月初二日丑時卒於順治辛丑年正月初九日卯時
享壽七十有五躅今之吉奉安人柩合葬焉公居右
安人居左遵地道也烏虖聿胥斯原風藏脈貯鞏砌
望岡實獲其所形歸窀穸神返室宇毓瑞鍾靈以昭
來許永年拜瞻百福是與

康熙十八年歲次己未十二月二十四日

謹按本誌謂公居右安人居左遵地道也蓋唐宋以來便有此葬法自明世至今吾廣中亦有行之者然朱子語錄云某初葬亡室時只存東畔一位亦不考禮是如何陳淳問曰地道以右爲尊恐男當居右答曰祭以西爲上則葬亦當如此邱氏濬謂世俗循習已久凡葬皆男左女右一家忽然如此恐數世後安知子孫不誤以考爲妣乎我　朝通禮於品官喪未及合葬之制其親王以下喪云合葬者男左女右則

品官及士庶可推然則合葬者固當以朱
子之説爲正也
閨秀瑞興墓在本鄉蝸山（鄉志作花山）壬子嚮墓域明萬歷三
十九年辛亥建奉訓大夫雲南寍州知州見知貴州思
南府安化縣事父凌霄題墓墓誌銘庠生從兄光祖撰

明故閨秀朱瑞興墓誌銘

從兄光祖拜手撰

余從妹瑞興迺余叔大夫之季女也歲乙未余叔初
授本省新興博士叔母孺人曾氏隨宦以丁酉年三
月十二日生從妹於學署中因名瑞興焉從妹生而
聰敏歲己亥余叔擢楚咸寍令從妹隨宦方三歲比

甲辰余叔政成尋擢滇寧州守滇粵相距萬里時叔母以余王父母在堂弗敢遠離膝下攜從妹歸未幾王母孺人陳氏卒余叔讀禮山中從妹方十歲事叔父母以孝謹聞且能曲體叔父母之心以致之王父至其處兄若嫂和以相睦焉既而許聘於里中吳孝廉長子方幸室家之有託也不謂天奪之速甫十五遂卒於今年八月初三日卒之日猶遺言於叔母曰女疾革矣女死命也無傷母心噫若余從妹者孝謹一念可謂生死以之矣今余叔遠宦黔中其兩兄光允光衡擇本年九月二十二日寅時移柩葬於蝸岡壬子嚮之原既葬矣余傷其亡而憶其賢也故爲之

銘銘曰

田產珠璣昌郡之陽孝謹維思女德攸彰圭璞徒貟

瑩光忽藏燕悲鶴泣鬱乎蝸岡歸寂輪迴汝其益臧

萬曆三十九年歲次辛亥九月二十二日

謹按閨秀瑞輿碑爲父知州凌霄題額然

如昌黎女挐壙銘誌且出自撰徵特題

墓已也唐碑將作監主簿孟友直女墓誌

起語女十一孃字心河間人也未云惟父

與母恩深骨肉痛切哀憐方備儀於幽隧

用畱念於終天蓋亦出友直自製

含素公妣關氏合葬墓在本鄉蝸山鄉志作花山嘴酉辛嚮祔葬

復庵公墓

養素公妣余氏合葬墓在本鄉蝸山鄉志作花山嘴西辛嚮祔葬

復庵公墓

開然公妣岑氏合葬庶妣陳氏潘氏陪葬墓在本鄉西方

龜山丙午嚮墓域　國朝康熙三十二年癸酉建

敬吾公妣鄭氏合葬墓在本鄉象山庚嚮祔葬襟宇公墓

英巨公妣曾氏合葬墓在本鄉西方龜山癸嚮舊作甲嚮墓域

明天啟七年丁卯建墓誌銘姪國材撰立石年月闕

明故高士英巨朱公偕配安人曾氏合葬墓誌銘

姪國材叩首撰

公諱環字乾中號英巨先南雄珠璣巷人後徙南海

九江上沙里歷數傳至文錦是爲公高祖司訓靈川署興安義寧兩縣事曾祖宗程祖學度西寧廩生惺宇公繼鳳迺其父也母陳氏子二人長曰璧爲名諸生公序居次少聰穎讀書過目不忘年十一賦落花詩已雋邁超羣及長淹貫經史好講求天下形勢阨塞嘗夢古衣冠老人授以武經自是尤邃於兵鈐著兵畧管窺三卷自謂得孫吳之祕然矜惜不輕示人以屢試不售遂寄情柔翰與諸名士往來於西樵白雲間興至輒引大白賦詩以爲樂且性慷慨凡義所在如急人難周人貧雖竭囷橐不少靳至其處已不以貪欲自汚當代薦紳尤高其行惺宇公喜吟詠公

視於無形居恒與兄迭唱咸得其懽心今家所藏壎篪集是卽公兄弟唱和以娛親之什也伯氏詩力追中唐沖澹有自得之致公詩則孤潔刻峭不蹈前人蹊徑亦足獨步一時畫法二米有逼眞處迄今士大夫家猶有珍藏其手蹟者歷年既久才學愈充竟以數奇淹歿悲哉初公之未歿也自宗族交游見其才而博學皆以世俗之所貴者期之而公亦未嘗自言其志於人迨閣部陳文忠公舉義與家贈少司馬徵龕言曰君族兄英巨志士也才可用儻令伊人宛在則吾屬此舉可分帷幄憂矣噫公往矣十餘年後猶令閣部臨事而追思之則其平日所蘊之才與夫未

嘗自言於人之志於茲無不畧抒也已配室曾氏本鄉孝廉曾公偉孫女慈順柔和克敦婦道尤能督諸子以勤儉成家公生於萬歷辛卯七月十六日卒於天啟丁卯三月十九日得年三十七曾氏生於萬歷乙未十一月十一日卒於康熙乙巳五月十三日享壽七十一舉三子長明卿娶陳氏次明艮娶李氏次明華娶關氏孫男二人廷賓廷祚公以丁卯月日祔葬於本鄉龜山甲嚮之原季子明華痛兩兄之先卒也以今月日奉母曾氏合葬於此歸而屬銘於余余於公嫡堂姪也誼不敢辭因即夙昔所聞於先君及傳諸戚黨者畧撮其實而勒於碑以垂不朽焉銘曰

才既具未得時志有餘年迫之斂奇蘊瘞於斯屈沒
齒耀來茲君子曰是殆（缺二字）而（缺二字）者也吾又何敢
侈其詞

闕

庠生雲漪公妣譚氏合葬墓在本鄉蝸山（鄉志作花山）庚嚮墓
域　國朝康熙二十五年丙寅建墓誌銘英德教諭阮
解撰

明庠士雲漪朱先生偕配安人譚氏合葬墓誌銘
原任韶州府英德縣儒學教諭年家眷會姪阮
解頓首拜撰
先生諱宴字乾泰號雲漪廣西靈川司訓文錦公之

曾孫庠生涵宇公之長子也生而聰穎過人日誦數
千言不遺一字是時士子通戴禮者甚少涵宇公素
業尚書以先生之聰穎也遂授戴記先生專心攻習
豁然貫通一時言禮者皆歸焉年甫弱冠爲邑侯劉
公廷元所賞識進補府庠數戰棘闈不遇先生裕如
也學務求實得不求表見與對終日若茫然無知者
及質以疑義無不應答如流聞者心折性狷介分毫
不妄取有急難者傾囊以與之無吝色故人高其節
而誦德不衰戊寅己卯間先友關子尊侯延先生於
羊城講戴禮余時與關子同窗因私淑於先生蓋數
載焉嗣是又與長公國臣次公國材結浩社於鎮海

樓之精舍同社數十人皆仰先生爲山斗先生知無
不言言無不盡必盡人入於善而後已即此一念先
生之陰德大矣先生孝友大節里之人已口而碑之
無俟余述爲敘其親炙於先生嘉言懿行有如此則
其它可知也配室孺人譚氏新會天河左江兵備道
譚公維鼎猶子省吾之女以賢淑之德克勤內治固
宜後起之繩繩也先生生於萬歷己丑年三月初一
日戌時終於順治辛卯年二月十四日卯時壽六十
有三所著有禮記全書今手澤猶存子若孫奉爲家
寶者也孺人生於萬歷壬辰年七月十三日巳時終
於順治癸巳年九月二十四日戌時壽六十有二男

四人長國臣庠生次國材歲貢見吏部候選國權國柱孫十二人嫡孫之信庠生燮元庠生曾孫蕃庠生淮廩生餘方興未艾今以本年十一月十六丙申日申時奉柩合葬於本里蝸山涵宇公墓下坐甲嚮庚之原國材特來請銘余以子姪之誼不得辭也爲之銘曰

烏虖惟公之德日累月積積厚流光爰誌之石石則可滅德不可磨天鑒在茲福祿其多

康熙二十五年歲次丙寅十一月十六日

南海縣志阮解
南海縣人貢生

龍巖公妣關氏合葬墓在本鄉蝸山鄉志作花山東嚮

庠生雲庵公妣關氏合葬墓在本鄉西方龜山亥嚮墓域

國朝康熙三十四年乙亥建六十年辛丑脩墓誌揀

選知縣族孫宗元撰

明庠士雲庵朱公偕配安人關氏合葬墓誌

鄉進士揀選知縣族孫宗元頓首拜撰

國必以忠厚爲開承者而後其治長於家亦然必以忠厚開承者而後其祚昌而世之殘刻貪冒無恥之輩以詐術愚人謂可光大門閭卒之不振亘可哀也余族自南雄遷居九江歷宋元明以迄我　朝子姓蕃茂簪纓相望是豈無所自而然哉亘緜我祖詒謀之長歷世繼述之善海不敢不本之河矣九世伯祖

雲庵公少聰敏書過目輒成誦充弟子員爲一郡冠當是時公之才名籍甚卒困諸生不少慍家雖素封飯脫粟衣褐衣蕭然若貧士其與人交魚魚雅雅和氣可掬也酒後耳熱雖童僕稚子無不可與言歡至雜以非義即面赤髮指雖親厚無所貸大都爲人晶中朗外步矩趨繩敦彝選交守和握固余得諸公孫文學兄成泰所述如此烏虖公以文章名邑郡雖不及身掇一第享高爵厚祿以光耀一時然考其梗概一本乎忠厚其澤流子孫宜何如邪余又以卜雲庵公後之昌熾未艾矣或曰非義者必疾之如仇惡所謂忠厚余曰身爲非義者置之以爲包容是厚其惡

而速其敗也公之疾之俾其赧面易慮刮肝滌腸君子成美不成惡之心也儻令得用於國彰善癉惡以輔翼聖明風動當年培植國脈亦猶是耳獨家也乎哉公歿後以乙亥年正月二十七日偕配安人合葬於龜山坐巳嚮亥之原迄今兄成泰欲表於墓遜元爲文爰爲撮其事而論其意俾刻於石烏虖隴岡堅秀喬木亭亭世之過其墓者聞公之風其亦可以慨然而興矣公諱瑢衡字乾齊雲庵其號八世曾伯祖海玉公之第四子也世居九江藍田里生於萬歷辛亥年三月二十九日巳時終於康熙己巳年十二月十三日子時享壽七十有九配安人本鄉紅社省乾

關公之女內則周舉克佐公生後公三歲九月二十
七日酉時卒後公六歲正月初七日子時享壽八十
有二男三人長娶本鄉曾次娶河清潘次娶本鄉關
女三人長適洛口關貫卿次適閘邊貢生關任卿次
適田邊關高士孫曾蕃衍不復備書
康熙六十年歲次辛丑二月十六日
雲龍公妣關氏合葬墓在本鄉象山丁午嚮祔葬碧潭公墓
十世靑藜公妣溫氏合葬墓在本鄉石喬山丙巳嚮振軒公正軒公會江
公祔葬墓內並詳下墓域　國朝道光二十一年辛丑脩
敬台公妣盧氏合葬墓在本鄉蝸山鄉志作花山乾嚮墓域
國朝康熙十九年庚申建

百生公妣馮氏合葬墓在西樵山金甌村大富岡坤未嚮祔葬敬源公墓墓域　國朝乾隆五十一年丙午脩

英吾公妣黃氏繼妣曾氏合葬墓在大同鳳皇山乙辰嚮墓域　國朝康熙二十五年丙寅建墓誌候選教諭從孫順昌撰希聖公景存公祔葬墓內並詳下墓地闊一丈零五寸長一丈六尺二寸

拱日公妣鄭氏繼妣關氏合葬墓在本鄉蝸山鄉志作辛花山嚮墓地闊一丈一尺五寸長一丈七尺五寸

荊玉公妣盧氏合葬墓在本鄉西方龜山壬亥嚮墓域

國朝康熙三十年辛未建

荊宇公妣黃氏合葬墓在本鄉象山庚申嚮祔葬左塘公墓墓域

國朝嘉慶十五年庚午脩

會初公妣傅氏合葬墓在大同義塘岡午嚮

青松公妣陳氏合葬墓在本鄉西方龜山巳丙嚮墓域

國朝雍正九年辛未建墓誌高州府教授族孫順昌撰

沛輿公祔葬

墓內詳下

心源公妣曾氏繼妣易氏合葬墓在鎮涌黃岡艮寅嚮墓地

闊一丈長

一丈七尺

石塘公妣關氏合葬墓在鶴山傑洲村芙蓉山乾嚮墓域

國朝乾隆十六年辛未建揀選知縣族孫吉兆題墓

念倫公拜謙公祔葬墓內並詳下

墓地闊一丈五尺長一丈五尺

三階公妣關氏繼妣曾氏合葬墓在本鄉西方龜山壬嚮

墓域　國朝康熙十四年乙卯建

喜吾公妣曾氏合葬墓在本鄉西方龜山壬嚮（與三階公同墓）墓
域　國朝康熙十四年乙卯建

厚彰公妣嚴氏合葬墓在本鄉蝸山（鄉志作花山）庚嚮墓域
國朝雍正二年甲辰建

茹登公妣關氏繼妣黃氏合葬墓在新會龍溪鄉欖木坑
山（今隸鶴山縣）巳丙嚮（祔葬鴣沙公墓）

貤贈脩職郎廉州府靈山縣儒學教諭樸庵公妣貤贈孺
人黃氏合葬墓在本鄉蝸山（鄉志作花山）辛酉嚮（祔葬玩峯公墓）墓
域　國朝道光三十年庚戌脩

華吾公妣胡氏合葬墓在本鄉蝸山（鄉志作花山）辛酉嚮（祔葬清涯
公墓）

而達公妣潘氏合葬庶妣夏氏陪葬墓在本鄉西方龜山巳巽嚮（祔葬明宇公墓）墓域　國朝咸豐十年庚申脩

孚潛公妣盧氏繼妣岑氏合葬墓在本鄉龕貝山（鄉志作龕山）丙巳嚮（祔葬寧宇公墓）墓域　國朝道光二年壬午脩

素月公妣張氏合葬墓在本鄉龕貝山（鄉志作龕山）丙巳嚮（祔葬亨宇公墓）墓域　國朝道光二年壬午脩

灣月公妣馮氏合葬墓在本鄉龕貝山（鄉志作龕山）丙巳嚮（祔葬亨宇公墓）墓域　國朝道光二年壬午脩

南陽公墓在鎮涌銀坑（又名仁坑）巨蛇嶺（又名蚺蛇山）癸嚮

三錫公妣鄧氏合葬墓在新會傑洲村黃塘山（今隸鶴山縣）西圃公墓左艮嚮

逢亭公妣蘇氏合葬墓在新會傑洲村黃塘山今隸鶴山縣西圃公墓左艮嚮墓域　國朝康熙二十八年己巳建

懿吾公妣李氏合葬墓在本鄉西方龜山午丙嚮墓域
國朝康熙三十三年甲戌建乾隆四年己未脩

碧霞公妣張氏合葬墓在新會傑洲村白雲山今隸鶴山縣丑嚮墓域　國朝康熙三十年辛未建五十年辛卯脩墓地闊九尺長一丈九尺

東湖公妣關氏合葬墓在本鄉西方龜山壬嚮墓域　國朝康熙二十二年癸亥建墓誌吏部郎中尹源進撰

明處士東湖朱公偕配安人關氏合葬墓誌

賜進士出身奉政大夫吏部考功司郎中前　欽

差陝西鄉試正考官年家眷弟尹源進拜撰

公諱如川字叔元號東湖都嬌公之仲子也宋末有
祖元龍自南雄始遷居南海九江鄉七傳而至別駕
石潭公領嘉靖壬子鄉薦而家聲始大公其曾孫也
憶余先曾祖愛川公與石潭公同舉於鄉則余於公
爲兄弟行去歲秋公賢嗣水師都閫昌國走人於余
告以癸亥年閏六月初三日葬公且并列公狀求余
文以爲誌余不獲辭迺按狀而爲之言公少負夙慧
讀書過目成誦長益力學以博洽稱君子謂石潭公
有孫矣性孝謹事二人色養備至然每多病二人以
其病也不欲苦之以書公滅燈暗誦不令人知也久

之病日有加有告之學醫者公慨然曰身體髮膚受之父母不敢毀傷孝之始也吾既不能立身揚名可令其毀傷乎且爲人子不可以不知醫是吾志也於是方書之奥調攝之方莫不洞澈而得其精微不半年而病遂霍然愈世有病者就公一問無不輒效蓋既有以自爲又能推以及人亦士君子濟人利物之一端歟然公自是不耐煩無意於人間事矣脩竹之陰風月之夕寄傲其中怡然自足一切榮枯得喪毫無所動或躡屐以登山或泛舟而垂釣興至即行興盡即返真有春風沂水之趣更不知人間有三公之貴萬鍾之富也其爲人溫和樂易與之相對如飲醇

醪不覺自醉出則雖三尺童子羣相隨之又如海上翁之與鷗鳥相狎而相忘也閒有犯者如飄風之過耳畧無不平之色而其人亦退而愧服所謂虛舟以游雖有褊心之人亦觸之而不怒公之謂矣然則公豈特一世之士蓋有古君子風焉配安人關氏幽靜勤謹恰與公宜女正位乎內男正位乎外宜其克昌厥後而未有艾也於是乎誌

康熙二十二年歲次癸亥閏六月初三日

尹源進見上曾祖名思惠廣東通志尹思惠東莞縣人嘉靖三十一年壬子舉人

歲貢生嘯峯公妣蕭氏合葬庶妣程氏黎氏陪葬墓在本鄉飛鳳山據世紀脩

若魯公妣曾氏合葬墓在本鄉大望山甲嚮墓域　國朝

乾隆五年庚申建

武生鍾陽公妣何氏合葬墓在本鄉大望山甲嚮墓域

國朝乾隆五年庚申建

振崖公妣仇氏合葬墓在順德龍山鄉鐵鑪岡乾亥嚮墓

域　國朝雍正三年乙巳建

亮子公妣關氏合葬墓在本鄉馬山辰乙嚮

南樂公妣關氏合葬墓在本鄉西方龜山丁嚮與子亭公同墓墓

域　國朝康熙四十八年己丑建六十年辛丑脩墓誌

候選訓導從弟元英撰

雲參公妣陳氏繼妣黃氏合葬墓在本鄉馬山丁未嚮墓地

闊九尺長一丈二尺

贊禮生存心公妣馮氏合葬墓在本鄉鎮山庚申嚮

運我公妣吳氏合葬墓在本鄉象山丁午嚮祔葬拔江公墓墓域

國朝嘉慶十四年己巳脩

接坡公妣黃氏繼妣梁氏合葬墓在本鄉象山丁午嚮祔葬拔江公墓墓域　國朝嘉慶十四年己巳脩

省我公妣梁氏合葬墓在本鄉象山辛嚮墓域　國朝康熙三十七年戊寅建

國雄公妣劉氏合葬墓在本鄉象山丁午嚮祔葬養吾公墓墓域

國朝嘉慶十四年己巳脩

庠生南軒公妣陳氏合葬墓在本鄉大望山丙嚮墓域

國朝康熙三十四年乙亥建墓誌銘候選訓導關嘉棻
撰

明庠士南軒朱公偕配安人陳氏合葬墓誌銘
歲貢生吏部候選儒學訓導姻弟關嘉棻頓首
拜撰

公諱禧龍字居壯號南軒迺刺史湛一公之孫文學
開雲公長子也世居本鄉上沙吉水里生而穎悟不
羣博聞强識繇經史以及百家咸搜覽無遺刺史公
特加器重時方轉任贛州攜公官舍肄業公甫就傅
卓有成人風其世父戶部崧蘿公從父別駕海若公
皆以白眉目之弱冠補順邑弟子員歷試四十年數

奇不遇至甲寅乙卯始絕意功名惟以庭訓爲事寄情詩酒每當花晨月夕與二三知己談笑言歡賦詩見志陶然若將終身配安人陳氏迺本鄉枝基里奉政大夫淇涯公孫女歲進士逢交公長女孝敬夙著閫範聿彰公生於萬歷癸丑年八月初三日巳時終於康熙甲子年十二月初八日酉時享壽七十有二安人生於萬歷丁巳年十一月初十日未時終於康熙癸酉年二月二十九日寅時享壽七十有七生男三人伯曰纛仲曰照季曰烈三水庠生女四人一適大同郭觀斌一適本鄉沙滘明蘭先一適嘉榮長子元謀一適洛口關覺有見孫男六人曾孫三人今以

康熙乙亥六月十三日卯時奉公暨安人柩合葬於
本鄉大望山坐壬嚮丙之原銘曰
佳氣鬱蔥馬鬣其封下有哲人歸藏其中毓兹靈秀
閒氣攸鍾祥開福祚春露秋風松邪柏邪千載何窮
康熙三十四年歲次乙亥六月十三日
九江儒林書院題名關嘉棻康熙三十年辛未歲貢

抱璞公妣譚氏合葬庶妣關氏陪葬墓在本鄉西方龜山巽巳嚮端甫公淸甫公祔葬墓內並詳下

仲璽公妣曾氏合葬墓在本鄉西方龜山巽巳嚮與抱璞公同墓
瑞甫公祔葬墓內詳下

茂生公妣關氏合葬墓在本鄉大望山辛酉嚮祔葬可山公墓

伯正公繼妣岑氏合葬墓在本鄉蝸山（鄉志作花山）丙嚮墓地闊七尺長一丈

妣陳氏別葬象山辛嚮（樂軒公祔葬墓內詳下）

歲貢生肇慶府開建縣儒學訓導四古公妣曾氏合葬墓原在本鄉蝸山（鄉志作花山）嘴墓誌詹事府詹事史夔撰文藏墓內

國朝乾隆四十三年戊戌遷葬本山頂庚申嚮（東暘）

公念劬公念雄公各墓分祔左右並詳下

題名碑錄史夔江南溧陽縣人康熙二十一年壬戌進士

正軒公妣關氏合葬墓在本鄉西方龜山嘴乾嚮墓域

國朝嘉慶十八年癸酉咸豐五年乙卯脩

直軒公妣關氏合葬墓在本鄉西方龜山嘴乾嚮（與正軒公同墓）墓域

國朝嘉慶十八年癸酉咸豐五年乙卯脩

純一公妣關氏合葬墓在本鄉鎮山庚嚮秀清公濯我公祔葬墓內並詳下

最齋公妣曾氏合葬墓在本鄉鎮山庚嚮墓域 國朝康熙五十一年壬辰建咸豐九年己未脩樂濤公潛谷公祔葬墓內並詳下

庠生樂餘公妣余氏合葬墓在新會雲堆村寶鼎山今隸鶴山縣丁午嚮墓域 國朝康熙五十八年己亥建墓誌銘揀選知縣族姪宗元撰詳下藍隱公墓

藍隱公妣關氏合葬墓在新會雲堆村寶鼎山今隸鶴山縣丁午嚮與樂餘公同墓墓域 國朝康熙五十八年己亥建墓誌銘揀選知縣族姪宗元撰

清故庠士樂餘朱公處士藍隱朱公墓誌銘

舉人揀選知縣族姪宗元頓首拜撰

吾族隱君子曰樂餘公藍隱公同氣昆弟也以元視之屬則伯父也觀其所自號可知其志而世固莫識也樂餘公諱殿孚字光卿行五藍隱公諱殿獻字賢卿行六有宋末吾祖元龍公自南雄府城北上三十里珠璣巷遷居南海縣九江村西方上沙里遞傳至公迺曾伯祖海玉公之孫伯祖龍巖公之子也伯兄三人各自樹立而二公居其季次相連年相上下而生平趣行正復相等爲人仁厚樂易未嘗忤於物見之溫溫似不能言及即之與居愈久而愈可愛間而

出其所得愈出而愈無窮可謂純明篤實之君子矣遭時不遇不屑榮勢事以爲理亂不知黜陟不聞者天下之完人也奚必以富貴而易吾之志哉故俱淡然於聲華而不顧平居樸儉自處治家人產稍贏餘即急人患難有負者率不計鄉之人並德之暇則竹林茂樹奇花怪石昆弟偕友生優游飲酒以爲樂元與嗣君天署炯燮兄素同筆硯課業餘時獲從之游其言語簡而有意飲酒終日不亂挹其貌而悚聽其論而驚以服久與居而不能舍以去也世徒見其偃仰林泉若與人無異而豈知其韜光匿彩以自完其眞而安其性者出於尋常萬萬哉年既晚長號曰樂

餘言隱者之樂足於中而無待於外也次曰藍隱則
又即所居藍田以爲名皆誌實也古有兄弟偕隱者
於二公今再見之矣樂餘公以康熙辛卯年九月十
九日酉時卒距其生崇禎辛巳年十月二十一日子
時享年七十有一娶本鄉滘口爾昭余公女生於崇
禎庚辰年六月十二日申時卒年與公同迺四月二
十五日未時也享年七十有二生男二長天署次天
允女二孫男四曰國佚天署出曰士科士玠士才天
允出藍隱公生於崇禎癸未年九月十二日卯時享
年六十有一先樂餘公卒爲康熙癸未年十月二十
九日卯時娶本鄉洛口石桂屋洪照關公第四女生

於崇禎壬午年八月二十六日丑時卒於康熙戊戌年七月十六日巳時享年七十有七生男炯燮女八孫男曰夢麟夢鳳初二公志行既同而內助又皆有婦道琴瑟之雅妯娌之歡爾無閒言迺同卜幽宅於新會縣雲堆村寶鼎山坐癸嚮丁兼子午之原在六世祖捷泉公墓左兄天署天允以康熙乙未年十一月初三日未時奉樂餘公及余氏安人柩合葬於其右今康熙己亥年十月十六日未時兄炯燮續奉藍隱公及關氏安人柩合葬於其左承先志也將立碑於墓以垂不朽而命元爲文謂元知二公誌之莫如元宜嗟夫元豈能盡知二公哉然樂道天下之善以

傳況二公者其隱德可傳而又爲元之所親承而夙欽不表彰萬一則將來之褒贈顯揚者孰知其所自哉爰從而爲之銘銘曰

嗟夫二公德厚缺艮友于琴瑟和鳴雙雙偕隱九江笑傲羲皇卜幽新會其歸其藏震龍入首巒拱内堂正嚮祿馬昌後耿光厚德福地萬載無疆碑碣於墓永誌不忘

康熙五十八年歲次己亥十二月二十二日

謹按此誌以一文誌兩墓似爲創獲然亦古法唐人有三墳記則李季卿誌其三兄曜卿缺卿缺卿之文也宋人有黄氏二室

誌則黃庭堅誌其前後二室孫氏謝氏之墓也三墳記得李陽冰篆名重古今二室誌見黃山谷集

十一世振軒公碑題文覺公妣關氏合葬墓在本鄉石喬山丙巳嚮祔葬青藜公墓墓域國朝道光二十一年辛丑脩

正軒公碑題文明公妣關氏合葬墓在本鄉石喬山丙巳嚮祔葬青藜公墓墓域國朝道光二十一年辛丑脩

元藹公妣陳氏合葬墓在本鄉蝸山鄉志作花山戌辛嚮墓地闊六尺長八尺

靈潭公碑題景祥公妣黃氏繼妣關氏合葬墓在大同鳳皇山巳巽嚮墓地闊一丈七尺二寸長一丈二尺

希聖公碑題景賢公妣關氏合葬墓在大同鳳皇山乙辰嚮祔葬英吾公墓

景常公妣關氏合葬墓在本鄉蝸山鄉志作花山酉辛嚮

景存公妣關氏合葬墓在大同鳳皇山乙辰嚮祔葬英吾公墓

貤贈脩職郎瓊州府文昌縣儒學教諭賜谷公繼妣貤贈

孺人張氏合葬墓在本鄉馬山巽嚮墓地闊一丈五尺長二丈二尺妣

貤贈孺人黃氏別葬鎮山子嚮墓地闊一丈一尺五寸長二丈二尺

用偉公妣張氏合葬墓在本鄉象山庚申嚮祔葬左塘公墓墓域

國朝嘉慶十五年庚午脩

淡溪公妣關氏合葬墓在本鄉馬山壬子嚮墓域國朝

雍正二年甲辰建道光六年丙戌脩墓誌揀選守備從

孫瑛撰

沛興公妣陳氏合葬墓在本鄉西方龜山巳丙嚮祔葬青松公墓

耿庵公妣彭氏繼妣張氏合葬墓在本鄉蝸山鄉志作玉花山

帶基乾亥嚮

念倫公妣陳氏合葬墓在鶴山傑洲村芙蓉山乾嚮祔葬石塘

公墓

熾郎公妣吳氏合葬墓在本鄉鶴翅山庚酉嚮

樂庵公妣關氏合葬墓在本鄉象山艮嚮墓地闊五尺長一丈

貤封脩職郎廉州府靈山縣儒學教諭鏡湖公妣貤封孺

人曾氏合葬庶妣梁氏陪葬墓在本鄉大望山蜘蛛嘴

乙卯嚮墓域　國朝乾隆二十八年癸未建道光二十

二年壬寅脩墓誌揀選知縣族孫堯勳撰廷齋公靖齋公挺蒼公寅亮公瑤階公祔葬墓內並詳下

二樂公妣吳氏合葬墓在本鄉蝸山鄉志作花山辛酉嚮墓地闊九尺四寸長九尺七寸

直吾公妣黃氏合葬墓在本鄉蝸山鄉志作花山庚酉嚮墓域

國朝康熙四十七年戊子建

應傑公妣明氏合葬墓在本鄉西方龜山巳巽嚮祔葬明宇公墓

墓域 國朝咸豐十年庚申脩

敬夫公妣關氏合葬墓在新會大園村銀錠山今隸鶴山縣乾戌嚮墓域 國朝康熙五十五年丙申建墓誌揀選知縣族弟宗元撰墓地上闊二丈二尺下闊二丈左右俱長四丈二尺

靖夫公妣張氏合葬墓在鎮涌銀坑（又名仁坑）巨蛇嶺（又名蚺蛇山）壬子嚮墓域　國朝雍正三年乙巳建墓誌候選訓導

族叔元英撰

樂賓公（碑題尚斌公）妣關氏合葬墓在鎮涌銀坑（又名仁坑）巨蛇嶺（又名蚺蛇山）壬子嚮

庠生伯申公妣黃氏合葬墓在新會傑洲村黃塘山（今隸鶴山縣）艮嚮

伯呂公妣鄧氏繼妣黃氏合葬墓在新會傑洲村黃塘山（今隸鶴山縣）艮嚮

平邨公妣鄭氏合葬墓在本鄉蝸山（鄉志作花山）乾戌嚮（緣始公祔葬墓內詳下）

卜五公妣關氏繼妣關氏何氏合葬墓在新會傑洲村白雲山（今隸鶴山縣）癸丑嚮墓域　國朝雍正元年癸卯建五年丁未脩墓誌銘庠生族弟成泰撰（墓地闊一丈一尺長二丈二尺）

雪心公妣關氏合葬墓在新會仙人山辛嚮墓域　國朝康熙五十七年戊戌建墓誌銘候選訓導族叔元英撰

幹軒公妣關氏繼妣岑氏合葬墓在本鄉牛山丙嚮墓域　國朝乾隆十五年庚午建墓誌庠生從弟長祚撰

佳竹公妣黃氏合葬墓在順德龍山鄉鐵鑪岡乾亥嚮墓域　國朝雍正三年乙巳建墓誌文昌教諭族姪順昌撰

元宗公（碑題殿華公）妣吳氏合葬墓在本鄉大望山丁午嚮

一永多公妣關氏繼妣彭氏合葬墓在本鄉龍貝山鄉志作龍山

庚酉嚮墓地闊九尺長九尺

庠生逸洲公妣關氏合葬墓在本鄉大塘龜山壬子嚮

郁軒公妣黃氏繼妣關氏合葬墓在本鄉象山丁午嚮祔葬

拔江公墓墓域　國朝嘉慶十四年己巳脩

盛南公妣劉氏繼妣鄭氏合葬墓在新會大園嘴山今隸鶴山縣據

上川房世紀脩

凌江公妣關氏合葬墓在本鄉象山丁午嚮祔葬養吾公墓

日庵公妣關氏繼妣曾氏合葬墓在本鄉珮山坤申嚮

浩庵公妣黃氏合葬墓在本鄉牛山甲卯嚮茂德公常達公殷達公寶

溪公韞山公祔葬墓內並詳下

端甫公妣關氏合葬墓在本鄉西方龜山巽巳嚮祔葬抱璞公墓

淸甫公妣關氏合葬墓在本鄉西方龜山巽巳嚮祔葬抱璞公墓

瑞甫公妣張氏合葬墓在本鄉西方龜山巽巳嚮祔葬仲璽公墓

延嗣公妣關氏合葬墓在本鄉大望山辛酉嚮祔葬可山公墓

澤俊公妣李氏繼妣黃氏合葬墓在本鄉大望山辛嚮

存眞公妣何氏合葬墓在本鄉蝸山鄉志作花山辛嚮仁長公祔葬墓

右詳下

廩生東暘公妣譚氏合葬墓在本鄉蝸山鄉志作花山庚申嚮

祔葬四古公墓　墓域　國朝乾隆四十三年戊戌遷建

秀淸公妣關氏合葬墓在本鄉鎮山庚嚮祔葬純一公墓

樂濤公妣關氏合葬墓在本鄉鎮山庚嚮祔葬最齋公墓　墓域

國朝咸豐九年己未脩

潛谷公妣關氏合葬墓在本鄉鎮山庚嚮祔葬最齋公墓墓域

國朝咸豐九年己未脩

武臣公妣潘氏繼妣譚氏合葬墓在鶴山傑洲村芙蓉山

乾嚮墓域、 國朝乾隆六年辛酉建

伊谷公妣關氏合葬墓在鶴山傑洲村芙蓉山乾嚮與武臣公

同墓墓域 國朝乾隆六年辛酉建

十二世會江公妣關氏合葬墓在本鄉石喬山丙巳嚮祔葬青藜公墓

墓域 國朝道光二十一年辛丑脩

柳軒公碑題鼎盛公妣關氏合葬墓在本鄉西方龜山庚嚮

隱畦公碑題逢貴公妣關氏合葬墓在本鄉飛鵞嘴未丁嚮墓地

闊五尺二寸長七尺二寸

拔貢生高州府儒學教授前任清遠文昌兩縣儒學教諭

北滘公妣關氏合葬墓在本鄉鎮山乙卯嚮墓域　國
朝乾隆十一年丙寅建三十五年庚寅嘉慶十七年壬
申脩墓誌銘新鄭知縣何如澄撰詳下接希公墓

囷矩公妣盧氏合葬墓在本鄉鎮山癸嚮旟在公祔葬墓內詳下墓地闊八尺五寸長九尺五寸

禮部儒士接希公妣關氏合葬墓在本鄉鎮山乙卯嚮與北
滘公同墓墓域　國朝乾隆十一年丙寅建三十五年庚寅
嘉慶十七年壬申脩墓誌銘新鄭知縣何如澄撰墓地闊一丈三尺六寸長一丈五尺五寸

清故文林郎高州府儒學教授北渚朱公禮部儒士
接希朱公墓誌銘
賜進士出身文林郎河南開封府新鄭縣知縣年
家眷弟何如灐頓首拜撰
余解組家居朱君宗玉攜先人之行狀來請曰余先
祖考妣先叔祖考妣乾隆丙寅歲合葬於鎮山二十
五年矣今重脩其墓子其誌之朱君處余家西席時
備悉其家世德安敢以不文辭也按狀北渚公諱順
昌字宏矩一字叔劉自幼文聲籍甚康熙甲子歲補
肇慶府恩平縣弟子員乙丑拔貢肄業成均大司成
翁公器重之時年二十六歲康熙己丑選授廣州府

清遠縣儒學教諭辛卯丁外艱歸服闋補授瓊州府
文昌縣儒學教諭康熙乙未奉　旨赴京考試引
見暢春苑雍正五年丁未恭遇　覃恩貤贈考妣錫
之　勅命蓋異數也己酉陞授高州府儒學教授年
登七十歷任一十四載所在各有異政告休歸里與
門生世誼詩酒往來兼精書法臨池染翰無虛日著
有古循閒囈江郡雜詠清署吟北行草南游紀行海
外集各一卷藏於家接希公北渚公之四弟也諱順
恭字同矩精計然之術致家饒裕晚歲援例授禮部
儒士時怡情於絲竹歌曲之中有隱君子風焉夫沛
國朱氏以孝友傳家今兩公合葬於此與兩公之母

敕贈孺人黃氏之墓相去不遠朱君昆玉殆以是
而誌先人孝友之德於不朽矣夫銘曰
顯於朝膺天祿隱於家備百福曰牛眠鎮山麓合葬
斯雍且睦熾而昌可豫卜
乾隆三十五年歲次庚寅十二月初十日
廣東通志何如瀊南海縣人雍正十一年癸丑進士
謹按暘谷公　馳贈敕書一在康熙
五十三年一在康熙六十一年墓誌言雍
正五年恭遇　覃恩疑誤又兩次邀
贈僅舉其一亦畧
純庵公妣關氏合葬墓在本鄉象山坤申嚮舊作未嚮墓域

國朝乾隆六年辛酉建道光十年庚寅脩墓誌揀選知
縣從姪吉兆撰譽著公祔葬墓內詳下
冠西公繼妣黃氏合葬墓在本鄉馬山申庚嚮墓域　國
朝嘉慶十九年甲戌建墓誌揀選守備孫瑛撰妣關氏
別葬飛鵞山酉庚嚮墓域康熙五十六年丁酉建
主簿銜江峯公妣鄭氏合葬庶妣黃氏陪葬墓在本鄉大
望山安遇公墓下未丁嚮墓域　國朝乾隆四十九年
甲辰建墓誌銘稷山知縣關上謀撰二樂公墓祔墓下詳下

清故候選縣主簿朱公墓誌銘

鄉進士文林郎山西稷山縣知縣前知永和石
樓縣事加二級紀錄二次年家眷姪關上謀頓

首拜撰

公諱元叔字乾滋號江峯迺朱氏始祖諱子議之十二世孫諱應宣號安遇之五代孫諱之報號耿庵之第七子也幼孤無藉孝友蹶興業富行能性成貞惠蒙學三載與人爲傭旋而負販旋而貨殖歷數年坐賈於村墟贏餘頗積凡昆弟戚屬及文士中之困乏者罔不周恤之然終以儒術未脩壯志未酬爲歉爰於傭保中得順邑陳君而委其任復脩執贄禮從學於鄉茂才登五曾先生雍正七年遵例肄業成均十年特授縣主簿歷應乙卯丙辰兩科鄉試雖不售鄉人屬耳目論者謂漢公孫宏承宫等俱起徒隸傭伍

卒能脩儒學監功名公之志事非不古人如也其成
就有幸不幸焉子嗣稍遲年四十五鄭孺人擇於女
子之賢淑者得黄孺人爲側室舉一子即余畏友國
學生大昌也大昌自少而壯與余等論詩文談騷賦
縉紳羣以莊士目之厄於場屋未展厥才然八子嗣
嗣今已疊蜚黌序將有不可量者今年二月公長孫
茂才璋等承迺父命郵筒遞書備載祖父母喪葬乞
余誌墓余以政務殷繁艱於執筆况公家文學鍚遠
先生所題銘旌孝友貞惠四言定評不磨矣何必誌
雖然余與嗣君締交轉密知公之履歷頗詳兼以鄉
黨傳聞父師借勢親民苟暇必與公刖作一傳以表

揚於永世是又余之不敢辭者公生於康熙二十九年庚午七月初二日未時終於乾隆十一年丙寅十一月初九日亥時享壽五十有七鄭孺人生於康熙三十六年丁丑九月三十日酉時終於乾隆四十九年甲辰二月十四日巳時享壽八十有八黄孺人生於康熙六十一年壬寅正月十二日卯時終於乾隆二十九年甲申三月二十日未時享壽四十有三今孝子孫曾奉三柩安葬於鄉之元山坐丑嚮未兼癸丁之原公在東鄭母在中黄母在西并誌銘曰

元岡之陽來龍一席蓮鏡亭亭月角奕奕氣聚風藏山青水赤萬子萬孫琳瑯珠璧

乾隆四十九年歲次甲辰四月初四日

南海縣志闕上諜乾隆三十六年辛卯舉人亦見九江儒林書院題名

萃庵公妣梁氏合葬庶妣何氏陪葬墓在本鄉飛鳳山子壬嚮

厚庵公碑題敦客公妣黎氏合葬墓在本鄉鎮山癸子嚮澄元公輝揚公祔葬墓內並詳下墓地闊一丈一尺長八尺

乾叟公碑題天士公繼妣劉氏合葬墓在本鄉蝸山鄉志作玉花山帶基乾戌嚮墓地闊九尺五寸長一丈三尺妣馮氏墓佚

廷齋公妣徐氏合葬墓在本鄉大望山蜘蛛嘴乙卯嚮祔葬

鏡湖公墓墓域　國朝道光二十二年壬寅脩

舉人肇慶府儒學教授前任靈山縣儒學訓導木齋公妣

黎氏繼妣吳氏合葬庶妣鍾氏陪葬墓在本鄉飛鵞山巽辰嚮墓域　國朝道光二十一年辛丑脩墓地闊五尺長九尺

靖齋公妣張氏合葬墓在本鄉大望山蜘蛛嘴乙卯嚮祔葬鏡湖公墓墓域　國朝道光二十二年壬寅脩

壽官岐齋公妣關氏合葬墓在本鄉貞頂山午丁嚮墓地闊六尺長九尺

宣元公妣何氏合葬墓在本鄉蝸山鄉志作花山辛酉嚮墓域

國朝咸豐六年丙辰遷建榕莊公祔葬墓右宏川公墓祔墓下並詳下墓地闊七尺二寸長八尺五寸

樂舒公繼妣黃氏合葬墓在本鄉月山庚酉嚮墓域　國朝乾隆三十六年辛卯建墓誌銘新鄭知縣何如漋撰

饒遠公容遠公祔葬墓內並詳下 妣黃氏別葬松岡據樂舒公墓誌脩

墓地闊一丈四尺長一丈四尺

何如漼見上

武江公妣關氏合葬墓在本鄉牛山丙巳嚮墓域 國朝

乾隆十三年戊辰建

平莊公碑題煥長公 妣關氏合葬墓在新會傑洲村黃塘山今隸鶴山縣艮嚮

緣始公妣關氏合葬墓在本鄉蝸山鄉志作花山 乾戌嚮祔葬平郵公墓

純誠公妣鄭氏繼妣左氏合葬墓在鶴山坡山水口蠏山

壬亥嚮墓域 國朝乾隆三年戊午建墓誌銘庠生族

叔長祚撰平江公祔葬墓內詳下墓地闊一丈二尺五寸長二丈九尺

樵山公妣鄭氏繼妣關氏合葬墓在本鄉馬山辰乙嚮

春松公妣關氏繼妣黃氏合葬墓在本鄉鶴翅山丑嚮墓地闊一丈長一丈二尺

惠聖公妣趙氏合葬墓在本鄉大望山癸子嚮

弼聖公妣周氏合葬墓在本鄉大望山癸子嚮與惠聖公同墓

敬山公妣關氏合葬墓在本鄉象山丁午嚮祔葬會泉公墓墓域

國朝嘉慶十四年己巳修

可君公妣曾氏合葬墓在本鄉象山丁午嚮祔葬盛泉公墓墓域

國朝道光二年壬午遷建

太星公妣關氏合葬墓在本鄉大望山丙嚮

茂德公妣關氏合葬墓在本鄉牛山甲卯嚮祔葬浩庵公墓

裕齋公妣關氏合葬墓在本鄉象山庚申嚮朗山公祔葬墓內直泉公

妣岑氏繼妣黃氏庶妣呂氏祔葬墓下並詳下墓地闊五尺長一丈二尺

仁長公妣關氏合葬庶妣何氏陪葬墓在本鄉蝙山鄉志作花山辛嚮祔葬存眞公墓

純禮公妣吳氏合葬墓在本鄉大望山丁嚮墓域國朝

乾隆四十五年庚子建嘉慶六年辛酉脩墓誌銘廉州

府訓導黃世顯撰炳齋公順齋公兩墓分祔墓下左右並詳下墓地闊一丈長一丈二尺

南海縣志黃世顯乾隆四十五年庚子舉人亦見九江儒林書院題名

端長公妣吳氏合葬墓在本鄉芙蓉山乙嚮允盛公勵峯公儀彬公祔葬墓內並詳下

念劬公妣黃氏合葬墓在本鄉蝸山（鄉志作花山）庚申嚮（祔葬四古公墓）

墓域　國朝乾隆四十三年戊戌遷建

念雄公妣葉氏合葬墓在本鄉蝸山（鄉志作花山）庚申嚮（祔葬四古公墓）

墓域　國朝乾隆四十三年戊戌遷建

泰常公妣周氏合葬墓在本鄉鶴岡乾戌嚮（墓地闊六尺三寸長七尺）

濯我公妣陳氏合葬墓在本鄉鎮山庚嚮（祔葬純一公墓）

樂軒公妣黃氏合葬墓在本鄉蝸山（鄉志作花山）酉辛嚮（文山公雲鄉公祔葬墓內並詳下墓地上段闊九尺長七尺五寸下段闊一丈四尺長一丈三尺）

南嶺公妣陸氏合葬墓在本鄉鎮山乙卯嚮墓域　國朝乾隆十九年甲戌建四十六年辛丑脩墓誌銘靈山訓導族弟道南撰

清故處士南嶺朱公偕配安人陸氏合葬墓誌銘

廉州府靈山縣儒學訓導族弟道南頓首拜撰

郡庠生姪博頓首拜書

公諱先登字康岸號南嶺迺處士武臣公長子處士羽王公之孫廣郡庠生雲庵公曾孫歲貢生廣西桂林府靈川縣訓導署興安義寧兩縣知縣綱齋公七世孫始祖獻謀公十二世孫也世居九江西方福田里公稟賦渟懿每訒訥自持處世以和接物以誠遇祖宗祀事必敬諱將之見子姓讀書必獎勸成之以故壽享遐齡福延奕禩今厥孫衣爲督學李文宗賞識以黎棗壽其文海內膾炙其諸瓜瓞雲礽亦駸駸

乎正未有艾皆公盛德誘掖所致也余與公屬雁行
公年長以倍與余先考會文酬唱歲時伏臘常得追
隨左右余以父事之公每以讀書相勗余今駿膺徵
祿而公墓木已拱追維疇昔且感且泣其烏能已於
詞以誌公於不朽也厥配陸氏溢柔淑慎與公克媲
美云公生於康熙十七年戊午十一月二十三日丑
時終於乾隆十九年甲戌三月二十三日酉時享壽
七十七歲安人陸氏鶴山縣傑洲村人生於康熙十
九年庚申七月初一日卯時終於乾隆七年壬戌十
一月初三日子時享壽六十三歲生子三人女三人
長適李次適曾次適余皆同里名族先於乾隆十九

年甲戌四月吉日奉公與安人柩合葬於本鄉鎮山坐辛嚮乙兼酉卯之原今碑碣斯墓謹誌而銘之銘曰

善克昌後惟實斯有公與安人是圖是究德積厥躬碑流人口俾熾俾臧天地同久

乾隆四十六年歲次辛丑孟冬下澣吉旦

沛亭公妣鄭氏合葬墓在本鄉象山丁午嚮祔葬碧潭公墓

學開公妣鄧氏合葬墓在本鄉象山丁午嚮祔葬碧潭公墓

凌海公妣黃氏合葬墓在本鄉鎮山乙卯嚮墓域　國朝嘉慶十六年辛未建墓誌銘　欽賜副榜族姪博撰翥軒

公祔葬墓下詳下

十三世庠生粵叟公妣張氏合葬墓在本鄉鶴岡丙嚮墓域

國朝嘉慶十六年辛未建道光十五年乙未脩墓地闊一丈零五寸長八尺七寸

實夫公碑題秋長公妣曾氏合葬墓在本鄉蝸山縣志作花山辛酉嚮墓地闊八尺五寸長一丈三尺

純庵公碑題秘長公妣黃氏合葬墓在本鄉大望山未坤嚮林隱公祔葬墓內詳下

伯豐公妣陳氏合葬庶妣黃氏陪葬墓在大同鳳皇山坤未嚮墓地闊一丈三尺長二丈二尺

位山公妣曾氏合葬墓在大同鳳皇山巳巽嚮墓地闊一丈零五寸長一丈五尺七寸

旟在公妣陳氏合葬墓在本鄉鎮山癸嚮祔葬困矩公墓

譽著公妣關氏合葬墓在本鄉象山坤申嚮祔葬純庵公墓

慶餘公妣關氏合葬墓在本鄉象山甲卯嚮爲禮公祔葬墓左詳下墓

地闊八尺五寸長九尺五寸

舉人河南汝州直隸州清軍同知樵南公妣陳氏合葬墓

在本鄉稔山卯嚮

壽官錦堂公妣關氏合葬墓在本鄉飛鳳山柳臺公墓下

子癸嚮墓域　國朝嘉慶二十年乙亥建

星齋公妣梁氏合葬墓在本鄉象山乙辰嚮

監生二樂公妣關氏合葬庶妣黃氏陪葬墓在本鄉大望

山江峯公墓下未丁嚮墓域　國朝嘉慶二十一年丙

子建墓誌銘署同知知縣門生關士昂撰

二樂先生墓誌銘

文林郎壬子科舉人挑發山西歷署蒲州府同知汾州府石樓縣知縣太原府太谷縣知縣門生關士昂頓首拜撰

先生姓朱氏諱大昌字昶霄號二樂迺王簿諱元叔號江峯冢嗣卽昂之業師也援例應科棘闈屢戰其文行何如昂不敢僭評當受業時常見其與鄉先達聯鑣文序互相頡頏又時與家羣從寗波分府上謀會司成文錦輩往來吟詠疊韻至百生平行誼無遠邇咸稱莊士焉令嗣七人長曰璋舍文就武進上庠

而不荒筆研宛有儒雅風次曰鴻擅貨殖才次曰程
萬文譽冠時由歲貢部選訓導次曰龍成童補武庠
次曰經市廛溷跡迥異斗筲次曰雲萬性行惇謹起
家國學次曰蓮田園退處自得優游其餘孫曾數十
類皆頭角崢嶸家聲丕振拭目可俟人以爲先生積
善後人將食其報云生於雍正乙卯年八月二十日
缺 時終於乾隆乙卯年二月廿二日戌時享壽六十
有一子嫡出者四庶出者三女二嫡一庶一配關安
人家孝廉元澄第四女孝敬慈惠隣里皆稱生於雍
正壬子年九月初一日戌時終於嘉慶丙子年正月
十四日午時享壽八十有五庶黃安人先先生歿碑

勒墓右故題銜不再書銘曰
大望之岡氣聚風藏公居其左爰得我所正室在中
福祿來崇副室在右克昌厥後月朗星輝三老同歸
鶴鳴馬逸千祥畢集
嘉慶二十一年歲次丙子仲春吉旦
南海縣志關上昂乾隆五十七年壬子舉人亦見九江儒林書院題名
謹按碑版稱先生之例金石要例云有文者稱先生吾學錄云耆舊或稱府君或稱先生詳上文此大例也撰文出門人弟子之手其稱先生則專例也如皇甫持正誌昌黎墓稱昌黎韓先生墓誌銘之類是也關

明府此誌標題敘錄俱稱先生蓋用此例
按門人爲業師作序狀碑誌等文無不稱先生者李漢作昌黎集序黃幹作朱子行狀雖子壻亦稱門人稱先生此古義也

增生龍泉公妣關氏合葬庶妣鄭氏陪葬墓在本鄉大望

山甲寅嚮

監生拜謙公墓在鶴山傑洲村芙蓉山乾嚮祔葬石塘公墓

文瑞公妣李氏合葬墓在本鄉大塘龜山子癸嚮

覸齋公妣關氏合葬墓在本鄉鎮山西辛嚮

澄元公妣關氏合葬墓在本鄉鎮山癸子嚮祔葬厚庵公墓

挺蒼公妣關氏繼妣羅氏合葬庶妣陸氏陪葬墓在本鄉

大望山蜘蛛嘴乙卯嚮祔葬鏡湖公墓墓域 國朝道光二十

二年壬寅脩

寅亮公妣陳氏合葬墓在本鄉大望山蜘蛛嘴乙卯嚮祔葬鏡湖公墓墓域國朝道光二十二年壬寅脩

瑤階公妣關氏合葬墓在本鄉大望山蜘蛛嘴乙卯嚮祔葬鏡湖公墓墓域國朝道光二十二年壬寅脩

寅軒公妣關氏合葬墓在本鄉石喬山坤申嚮墓地闊九尺長一丈三尺

逸亭公妣關氏合葬墓在本鄉鎮山丙嚮墓地闊一丈長一丈二尺

貤贈儒林郎直隸州同知銜榕莊公妣貤贈安人黃氏合葬墓在本鄉蝸山鄉志作花山辛酉嚮祔葬宣元公墓墓域國朝咸豐六年丙辰遷建

饒遠公妣關氏合葬墓在本鄉月山庚酉嚮祔葬樂舒公墓

庠生景園公妣陳氏合葬墓在本鄉象山甲寅嚮墓域

國朝嘉慶二年丁巳建道光二十六年丙午脩墓誌銘

揀選知縣族孫士琦撰墓地闊一丈二尺長八尺五寸

清故庠士景園朱公墓誌銘

揀選縣知縣己亥科舉人族孫士琦拜撰

公諱福字錫遠號景園姓朱氏元處士獻謀公十一

傳生靖夫靖夫生樂舒樂舒三子公其仲也居儒鄉

西偏鬱水上曰盧橋洞河㶊㽇鹵號少文學士公幼

穎楙𡓜然秀出補學官弟子英聲雋一黌粱簡文有

言灘渙之水可居鄒魯之鄉可貴班班乎地以人傳

者也性夷曠徜徉盛世兼有水泉禽魚之樂以故材
術非不可用無舍所爲爲人意優游漫浪竟以横舍
終其卒也以嘉慶丁巳三月七日距生康熙庚子三
月五日享年七十有八配室陳氏鳴玉相莊克儷厥
德生康熙丁酉正月七日乾隆甲寅四月五日先公
歿合葬里中象山甲寅嚮之原男二人國典國薦孫
五人曾孫九人元孫二人道光丙午十一月孫爲言
等碣脩公墓來匄銘銘曰
其行儒無破觚其文奇異夸毗不鳴以飛人曰數奇
匪數之奇爾壽黎眉爾孫子是宜是謂緐釐
道光二十六年歲次丙午十二月吉日

容遠公繼妣關氏合葬墓在本鄉月山庚酉鄉祔葬樂舒公墓妣胡氏別葬象山據容遠公墓碑脩

得勤公碑題和遷公妣關氏合葬墓在新會傑洲村黃塘山今隸鶴山縣艮鄉

樂閒公妣關氏合葬墓在本鄉鎮山申鄉

靜江公妣關氏合葬庶妣陳氏陪葬墓在本鄉蝠山鄉志作花山丁午鄉澄軒公佳圃公次湖公祔葬墓下並詳下

平江公碑題定乾公墓在鶴山坡山水口蝌山壬亥鄉祔葬純誠公墓

茂軒公妣曾氏繼妣陳氏合葬庶妣黃氏陪葬墓在本鄉牛山卯甲鄉

翠亭公妣關氏繼妣潘氏合葬庶妣何氏陪葬墓在大槎

區村後園嶺卯甲嚮墓地闊一丈二尺長一丈

建遠公墓在本鄉象山丁午嚮祔葬曾泉公墓墓域　國朝嘉慶

十四年己巳遷建

隱吾公妣關氏繼妣梁氏合葬墓在本鄉象山丁午嚮祔葬

曾泉公墓墓域　國朝嘉慶十四年己巳遷建

貤贈文林郎山西平陽府襄陵縣知縣善臺公碑題憲卯公墓

在本鄉珮山坤申嚮墓域　國朝乾隆二十九年甲申

建妣贈孺人曾氏別葬象山寅甲嚮墓域　國朝道光

三年癸未建

信廷公妣余氏合葬墓在本鄉馬山壬亥嚮仁卿公普山公祔葬墓右

並詳下

潔堂公妣關氏合葬墓在本鄉牛山丙午嚮繼妣關氏庶
妣何氏別葬珮山坤申嚮
常達公妣關氏合葬墓在本鄉牛山甲卯嚮祔葬浩庵公墓
殷達公妣施氏合葬墓在本鄉牛山甲卯嚮祔葬浩庵公墓
覲山公妣梅氏合葬墓在本鄉象山庚申嚮祔葬裕齋公墓
維興公妣關氏合葬墓在本鄉象山艮嚮
壽官炳齋公妣張氏合葬墓在本鄉大望山純禮公墓下
之左丁嚮墓域 國朝嘉慶六年辛酉建墓誌銘庠生
族姪儒乾撰

清故 恩賜九品頂戴炳齋朱公墓誌銘

南海縣儒學選舉優行生員族姪儒乾頓首拜

撰

公諱務章字斐興號炳齋元明間我始祖獻謀府君
諱子議初定籍南海九江十二傳至從祖純禮府君
諱公富生二子公其冢嗣也質直純儉寄業魚桑世
俗紛華毫不介於念慮治家嚴飭惟以守分安生睦
隣信友爲教自壯役至於頹暮義方之訓不衰故子
若孫恪遵庭誥咸臻成立皆其義方所致也當其年
逾古稀子姓咸請介眉之祝公辭有待迨恭承
覃恩榮膺冠芾戚族登堂禮侑酌兕稱觴公迺听然
解頤曰農夫野老榮身惟倹子孫豈意身歷八旬亦
自能邀榮於垂老乎則其志亦可想見矣公生於康

熙五十八年已亥八月初九日未時終於嘉慶六年辛酉十一月十二日寅時享壽八十有三幼聘劉氏女未醮而殂遵禮別葬配張安人生於康熙五十八年已亥八月二十四日未時終於乾隆三十九年甲子十月十二日辰時享壽五十有六生男四人桂芳松芳槐芳桐芳女一人孫五人公暨安人合葬於大望山純禮府君墓前左地諸孫挺發瓜瓞緜緜正未有艾異日　紫誥膺封顯榮身後其積善流光不更解頤於地下歟銘曰

仰惟碩德積厚流光形歸窀穸聚若家堂瞻依永夕孝友彌長克昌厥後式表瀧岡

嘉慶六年歲次辛酉十二月十三日

壽官順齋公妣關氏合葬墓在本鄉大望山純禮公墓下之右丁嚮墓域　國朝嘉慶六年辛酉建墓誌銘庠生

族姪儒乾撰

清故　恩賜九品頂戴順齋朱公墓誌銘

南海縣儒學選舉優行生員族姪儒乾頓首拜

撰

公諱務賢字遠興號順齋系出元處士子議爲余從祖純禮府君次子府君諱公富有湆行故公少遵庭訓祗於厥父恭於厥兄言行出入無所欺隱家居則安業魚蠶勤督耕養時或外出端州高鶴採買魚苗

興販穀石交際俵債有長者風與兄務章金春玉應
實爲合德以此垂裕將來恢宏先緒光大家風曷有
涯乎無怪其壽享耄年得被　覃恩之光寵也配
關安人持家勤儉爲族隣表率庶幾能儷公者公生
於雍正庚戌年四月十六日申時終於嘉慶戊午年
十一月十五日辰時享壽六十有九子男三人華芳
榮芳世芳女一人孫三人公柩安葬於純禮府君墓
前右地銘曰
山名水秀拱抱封塋公歸斯土百代攸寧穴同親長
祥衍雲礽蕃昌叶卜奕世顯榮
嘉慶六年歲次辛酉十二月十三日

允盛公妣關氏繼妣張氏合葬墓在本鄉芙蓉山乙嚮祔葬端長公墓

文山公妣岑氏合葬墓在本鄉蝸山鄉志作花山酉辛嚮祔葬樂軒公墓

翕軒公妣關氏合葬墓在本鄉鎮山乙卯嚮祔葬凌海公墓

十四世蔭堂公妣陳氏合葬墓在本鄉柏子山坤未嚮墓地闊七尺長一丈

樂泉公妣黃氏合葬墓在本鄉松岡戌嚮墓地闊九尺長一丈一尺三寸

樂隱公妣明氏繼妣關氏合葬墓在本鄉蝸山鄉志作花山申嚮墓地闊八尺四寸長八尺四寸

德隱公妣陳氏合葬墓在本鄉大望山戌辛嚮墓地闊一丈二尺長

八尺五寸

林隱公碑題誥爵公　妣曾氏合葬庶妣湯氏陪葬墓在本鄉大望山未坤嚮祔葬純庵公墓

承安公妣鄭氏合葬墓在本鄉鎮山壬子嚮墓地闊八尺九寸長八尺

顯謨公妣馮氏合葬墓在本鄉蝸山鄉志作花山酉辛嚮墓域

國朝道光二十六年丙午遷建墓地闊一丈二尺長一丈一尺

顯謀公妣張氏合葬墓在本鄉大望山庚酉嚮墓域　國朝道光二十八年戊申遷建宜軒公祔葬墓內詳下墓地闊七尺五寸長九尺

永泉公妣張氏繼妣關氏合葬墓在本鄉鶴岡坤未嚮

武舉勉亭公妣關氏合葬庶妣潘氏陪葬墓在本鄉蝸山鄉志作花山巳丙嚮墓域　國朝道光七年丁亥建咸豐三年癸丑脩繼妣伍氏劉氏别葬飛鳳山子嚮

謹按關氏潘氏原葬鶴山大圍村飛鳳山
庚酉嚮咸豐癸丑遷祔墓內

明著公碑題亮璧公妣關氏合葬墓在本鄉月山坤申嚮墓地闊八尺五寸長八尺

壽官守其公妣鄒氏合葬墓在本鄉月山上月角坤申嚮

武生玉田公妣關氏繼妣關氏合葬墓在本鄉鎮山乙卯
嚮

歲貢生南溟公妣關氏繼妣曾氏合葬墓在本鄉大望山
癸子嚮墓地闊一丈長一丈二尺

武生雲田公妣關氏繼妣曾氏合葬墓在本鄉葫蘆山嘴
壬亥嚮

監生南臺公妣梁氏繼妣李氏合葬墓在本鄉大望山午

嚮

監生樸廬公妣鄭氏合葬庶妣明氏陪葬墓在本鄉象山

甲寅嚮墓域　國朝嘉慶二十二年丁丑建墓誌銘庠

生族孫逢望撰

清故國子監生朱公墓誌銘

南海儒學生員族孫逢望撰文

公初名宏盛字鸞彩以字行號樸廬國子監生居九

江北方石塘社我族自宋咸淳間始遷祖諱元龍繇

南雄珠璣巷徙南海九江上沙里至公凡十五傳曾

祖庠序壽至百歲祖士高父尙鳴兄弟二人公居長

賦性純孝婉容愉色克體親心父母有疾必親侍湯
藥無敢廢離母疾篤嘗焚香籲天願以身代已而果
瘳人以爲孝感所致云嗜好詩書以家窘甫弱冠即
棄舉子業依人爲貿遷計克盡心力不負所託遂以
居積致饒將營宮室宗廟爲先故前代祠宇𢬵脩諸
度支必引爲己任焉儉約自持布衣藿食終身不𢾛
偶御冠帶里族咸相指目以𢬵見爲笑樂其清苦任
眞亦天性也配室鄭氏生女一簉室明氏張氏明氏
生男汝坤蚤殤女一張氏生男汝浩國子監生女二
孫有壎有垣公生於乾隆三十五年庚寅二月二十
九日終於道光十五年乙未七月五日享年六十有

六鄭孺人先公歿生於乾隆三十三年戊子正月十
五日終於嘉慶二十二年丁丑二月初六日享年五
十歲合葬於本鄉象山庚山甲嚮兼申寅之原銘曰
孝友性成古之君子言藹如春心平似水馬鬣高封
斯人杳矣宜爾子孫介以繁祉
咸豐十年歲次庚申十二月　日

壽官曦樓公妣鄧氏合葬墓在本鄉象山丙嚮
輝揚公墓在本鄉鎮山癸子嚮（祔葬厚庵公墓）
振寧公墓在本鄉蝸山（鄉志作花山）辛酉嚮（墓地闊四尺七寸長九尺）妣關
氏別葬象山甲卯嚮墓域並　國朝咸豐六年丙戌脩
隱存公繼妣班氏合葬墓在本鄉鶴岡辰乙嚮妣關氏（墓佚）

逸存公妣張氏合葬墓在本鄉鶴岡辰乙嚮與隱存公同墓舜廷公祔葬墓下詳下

愛霞公碑題煥英公姚馮氏合葬墓在本鄉象山艮寅嚮墓地闊九尺長九尺

鶴翎公妣周氏合葬墓在本鄉鶴岡坤申嚮墓地闊七尺四寸長七尺三寸

贈儒林郎直隸州同知銜宏川公妣贈安人關氏合葬墓在本鄉蝸山鄉志作花山宣元公墓下辛酉嚮墓域國朝咸豐四年甲寅建墓誌銘揀選知縣族姪士琦撰墓地上闊九尺五寸下闊一丈四尺五寸左右俱長一丈七尺五寸后土地三尺

清故宏川朱公墓誌銘

己亥科舉人揀選知縣族姪士琦頓首拜撰

公諱遇貴字國寶號宏川吾族自元處士獻謀府君諱子議始定籍爲南海縣九江鄉上沙里人十三傳有諱澄榕號榕莊者公考也公生而孝友榕莊公以販魚爲業性嗜酒家徒壁立洒如也公少傭於省垣得微直即以奉甘旨未嘗有私財及長擅巧技能煮石汁成五色琉璆然素倜儻樂閒燕不專業其業少有所得足游費輒罷去日與二三知好觀劇流連取足自適而已性和煦於人無不容以故少長皆狎之至人有非義亦面折斷爭不少恕也與弟遇明同居處數十年無忤容兄弟之閒鮮有如其友愛者安人

闕氏淑慎而嚴相夫子奉尊章克盡婦道公與莊敬
汔垂白不衰訓誨子姪如恐不及雖無疾言遽色必
諄諄誥誡期於有成而後止憶琦與次琦在塾時公
無數日不巡視來則必加敦督愛勉之誠殆結於性
命而不能自已者烏虖若公者其邑里之善人不以
習俗自汨其天者乎老而伉健以微疾卒易簀時猶
呼家人出探報曰中矣蓋郎士琦次琦揭曉獲雋之
夕報榜到門時也嘻異哉公生於乾隆丁亥十一月
二十九日巳時終於道光己亥九月初七日卯時享
年七十有三闕安人生於乾隆癸巳九月初七日未
時終於道光壬寅二月二十二日寅時享年七十男

一人長富端謹子諒能繼公志行又加勤焉孫男家驥長富奉公與安人柩安葬於本鄉蝸山辛酉嚮之原銘曰

蝸山之陽牛眠是卜氣聚風藏山環水洑營魄有歸元神永谷敢告雲礽宛心式穀

咸豐四年歲次甲寅五月十二日

輝隆公妣劉氏合葬墓在鶴山傑洲村黃塘山艮嚮

泰源公碑題錫隆公妣黎氏合葬墓在鶴山傑洲村黃塘山艮嚮

南朝公妣關氏繼妣岑氏曾氏合葬墓在本鄉牛山壬亥嚮

懋庵公妣關氏合葬墓在本鄉大望山乙卯嚮墓域 國朝嘉慶十年乙丑建墓誌銘署同知知縣關士昂撰墓地闊八尺長一丈二尺關士昂見上

澄軒公妣關氏合葬墓在本鄉蝸山鄉志作花山丁午嚮祔葬靜江公墓

峭峯公妣黎氏合葬墓在本鄉月山坤未嚮墓域 國朝嘉慶十九年甲戌建墓誌銘署同知知縣關士昂撰賓國公祔葬墓右詳下墓地闊一丈二尺長一丈四尺關士昂見上

純軒公妣梁氏合葬庶妣黃氏陪葬墓在本鄉馬山巳嚮

墓域　國朝咸豐三年癸丑遷建

儉堂公妣盧氏合葬墓在本鄉馬山壬亥嚮

德滋公妣關氏合葬墓在本鄉西方龜山脚乙辰嚮

衍斯公妣關氏合葬墓在本鄉牛山丙嚮愿蓉公祔葬墓內詳下

從九品銜贈文林郎山西平陽府襄陵縣知縣奮之公妣贈孺人張氏繼妣贈孺人關氏合葬墓在本鄉象山寅甲嚮墓域　國朝道光元年辛巳建咸豐三年癸丑脩

墓誌銘湖南巡撫潘鐸撰

清故贈君奮之朱公墓誌銘

賜進士出身　誥授振威將軍　予告署理湖南巡撫湖南布政使司布政使前兵部侍郎都察

院右副都御史巡撫河南等處地方兼管河南
提督山西布政使司布政使按察使司按察使
江西督糧道湖北荆州府知府京畿道監察御
史兵部武選司郎中軍機章京翰林院庶吉士
充己亥科廣東鄉試副考官庚子科會試同考
官加三級江寧潘鐸撰文
五嶺以南有厚德君子曰朱贈君奮之起自忽微能
禔躬肅後年六十八以道光九年卒卒後十年厥嗣
四人皆翟翟有立伯子叔子同年貢上計入都與都
人士激揚望實藉甚當時而贈君善教子之名一日
隱然動京師又十年叔子令晉中以儒爲治所至士

庶嚴之如師親之如孌晉人郭學士景僖目爲山西賢令程明道後一人貫光祿克慎謂良吏出晉陽者有于青天叔子來若相還也於時叔子以良吏聞天下天下又謂贈君餘福貫蒼生矣余旣與伯子昴弟有文字之知左官於晉又得叔子襄事叔子欲論譔先人之美以明著於後世莫余宜於是約略其系履允屬與行誼之大者爲之銘其系履曰贈君厥諱成發厥字鎮元奮之其別字厥邑南海厥鄉九江九江朱氏系出保昌趙宋南渡之季有元龍者由嶺趾來遷至贈君爲十五傳累傳號多名人而贈君大父連第父德進皆潛曜不顯其行誼曰贈君生而孤露幼

而單約艱難立家滋至小有一游吳會投老家園爰
自任冠至於暮齒嗜義必顯覿貨能廉䘏嫠哺孤治
道與墳匽勉昬喪收視廢殘交有始終戚鄰有恩故
朋友有所歸中外無閒言蘇人唐景泰大賈也君客
閶門時與契轉貨來粵常主君年七十矣嘉慶丁卯
將反蘇人之負之者且三千金弗能得也以券付君
從容謂曰吾老矣恐不能復來故人贈別公幸辱收
之君陽許諾明年唐不至君卒因長洲朱君履四千
里外反其金河南范三者先富而貧亦依君濟珠江
溺君罄貲求遺胔遺嫁孤女無失時常以歲三月挈
友人祭其冢海泊三水韓某貸君貲屢折閱於後亡

且八百金慹弗能面也君診知有故召其子出劵焚之嘗謂兒輩曰凡人力能竭而不以及人非天命富貴意也汝曹識之矣其襟抱如此其允屬曰贈君初娶同里張處士國滄女產四子長士琦舉人今在公車次炳琦國學生次次琦進士歴知孝義襄陵縣次宗琦郡增生繼娶關氏孫男八人兩娶皆有令德張孺人幼奇慧處士苛擇對偃蹇乞昏者數輩選贈君而歸焉莊而知義潔齊內外井井有法度五宗敬之關孺人育子如腹出慈良甚觀者不之別君子又以知贈君之德能行於家也銘曰

天待人彌𨒪累偉朱公知此意早卼臲晚榮膴攸好

德福備五國爵集天貺加孰謂奢始萌芽稟庭誥成
縣譜緊頌聲召父父人食福於子孫飲江海知岷源
古孝子今良吏望雲飛懷壤瘞我銘葬在其鄉象岡
阡偕配藏

咸豐三年歲次癸丑十二月十二日

題名碑錄潘鐸江蘇江寧縣人道光十二年壬辰進士

謹按沈氏彤與友人論墓銘書云古人之
銘廟與墓兼用之而誌則專用之於幽室
南豐所寄歐陽舍人書迺謝其撰先大夫
墓碑銘而作碑銘非幽室所用故其書雖
嘗因銘及誌而所云或納於廟或存於墓

者固不論誌而但論銘也衞孔悝之鼎銘晉魏顆之景鐘銘銘之於彝器韓文公之烏氏廟碑銘袁氏先廟碑顏魯公之家廟碑銘之於碑石是皆所以納於廟者也於墓誌無與其存於墓者薶諸壙中則有若葬銘埋文墓誌銘墓甎文墳記壙記之屬立諸神道則有若墓表碑文墓碣銘神道碑阡表之屬其名兩不相假未有墓誌而立石壙外者惟南史裴子野傳載一事此當時藩王破常例重疊爲之耳按此事詳上文非其正也故碑碣與表葬後可刊而誌銘必

先期而作今奉委所作墓誌銘距葬期已遠幽室不得用其文但宜施之於表碣顯刻墓前不得名之為誌云云沈氏此書自是正論碑誌辨證已詳上文是故有葬期迫而不及攻石者則書甎石以誌若昌黎李元賓墓誌銘柳州馬室女雷五葬誌之類是也有葬日近而不及請他人者則自為之銘若涑水銘其兄周卿及昭遠之類是也凡皆以誌必葬時納諸壙而無追立故也癸辛雜識引趙松雪云北方多唐以前古冢所謂墓誌者皆在墓中正方而上有蓋蓋豐下殺上上書某朝某官某人墓此所謂篆蓋也然古人亦自有追立

者周豫州刺史淮南公墓誌與騎都尉李君墓誌並是追立王氏芑孫謂宋元以後誌文爛漫數千言殆皆標列於外耳近世陳黃中作蔣林誌出於其子艮騏之請去林葬十二年沈德潛作李魁春誌出於其孫恕之請去魁春葬五十一年袁枚作齊召南誌出於其兄周南弟世南之請亦謂距其死與葬甚久姚鼐作黃繩先誌出其子定文之請段世續誌出其子玉裁之請俱云補撰而伊爲皋誌出其曾孫秉綬之請距爲皋葬且歷三世然則贈君此誌追

撰雖非古義要亦近世名流達例也

昌南公墓在本鄉珮山坤申嚮

善畧公妣關氏合葬墓在本鄉珮山坤申嚮

在椒公妣關氏合葬庶妣關氏陪葬墓在本鄉牛山卯甲嚮

仁卿公碑題時望公妣馮氏合葬墓在本鄉馬山壬亥嚮祔葬信廷公墓

德亭公妣關氏合葬墓在本鄉蝸山鄉志作花山丁午嚮

寶溪公碑題瑞祥公妣關氏合葬墓在本鄉牛山甲卯嚮祔葬浩庵公墓

直泉公繼妣關氏合葬墓在本鄉象山辛酉嚮墓域

國

朝嘉慶十年乙丑建道光二十二年壬寅脩墓誌知州

銜黃巖知縣馮錫鏞撰錫軒公懷軒公兩墓祔墓下並詳下墓地闊一丈三尺五寸長

一丈六尺五寸妣岑氏繼妣黃氏庶妣呂氏別葬本山庚嚮祔葬

裕齋公墓南海縣志馮錫鏞道光九年己丑進士亦見九江儒林書院題名

秀山公妣黃氏合葬墓在本鄉蝸山鄉志作花山辛嚮墓地闊五尺長

六尺五寸

敏軒公妣劉氏合葬墓在本鄉大塘龜山申嚮

樂軒公繼妣程氏合葬墓在本鄉象山辛嚮祔葬伯正公妣陳氏墓

繼妣梁氏別葬西方龜山乾巽嚮

壽官如軒公妣張氏繼妣陳氏合葬庶妣潘氏陪葬墓在

本鄉牛山巳嚮漱石公祔葬墓左詳下

惠夫公妣黃氏合葬墓在本鄉龕貝山鄉志作龕山丁午嚮墓域　國朝咸豐七年丁巳遷建墓地闊九尺長一丈一尺

勵峯公妣劉氏合葬墓在本鄉芙蓉山乙嚮祔葬端長公墓

貤贈奉政大夫同知銜鳳羽公妣貤贈宜人關氏合葬墓在本鄉鶴岡乾亥嚮墓域　國朝咸豐八年戊午遷建九年己未脩墓地闊一丈一尺長一丈五尺

謹按鳳羽公墓原在西方龜山關宜人墓原在貞頂山攺葬大望山咸豐戊午遷合於此

雲卿公妣關氏合葬墓在本鄉蝸山鄉志作花山酉辛嚮祔葬樂軒

公墓

介如公墓在本鄉鎮山辰乙嚮墓域　國朝咸豐九年己未建

十五世布江公妣關氏合葬墓在本鄉飛鳳山子癸嚮墓地闊五尺長七尺五寸

庠生我坡公妣鄭氏合葬墓在本鄉象山甲嚮墓地闊七尺長七尺二寸

餘盛公妣關氏合葬墓在本鄉鶴岡丁午嚮墓地闊六尺五寸長九尺四寸

逸軒公妣彭氏合葬墓在本鄉網山壬亥嚮

監生曉崖公墓在鶴山黃寶坑新村鳳翅山戌嚮墓地闊一丈七

尺長二丈七尺妣黃氏別葬本鄉象山甲嚮墓地闊五尺一寸長一丈

賢和公妣關氏合葬庶妣潘氏陪葬墓在本鄉大塱山癸子嚮墓地上闊九尺下闊七尺五寸左長八尺二寸右長八尺

雲程公妣關氏合葬墓在順德龍山鄉中榁岡辛酉嚮墓域　國朝道光二十二年壬寅遷建墓地闊九尺長一丈一尺

宜軒公妣曾氏繼妣關氏合葬墓在本鄉大塱山庚酉嚮祔葬顯謀公墓墓域　國朝道光二十八年戊申遷建

雲鵬公妣關氏合葬墓在本鄉鎮山卯乙嚮墓域　國朝咸豐七年丁巳建墓地闊七尺長七尺

達聯公妣關氏合葬墓在本鄉鶴岡申嚮渭濤公祔葬墓下詳下墓地闊七尺五寸長八尺八寸

武舉梧軒公墓在本鄉蝸山鄉志作花山巳巽嚮妣陳氏別葬

大望山辛酉嚮台石公墓祔墓下詳下

從九品銜彤軒公妣陳氏·合葬庶妣關氏陪葬墓在本鄉

鎮山壬子嚮

監生湖溪公妣張氏合葬墓在本鄉象山內嚮巳巽外嚮

丙巳墓域　國朝道光四年甲申建

任軒公碑題承遠公墓在本鄉飛鳳山乙卯嚮

佾生浚泉公妣關氏合葬墓在本鄉象山寅嚮墓域　國

朝道光二十七年丁未建咸豐十年庚申脩墓誌銘揀

選知縣廖熊光撰墓地闊七尺七寸長九尺四寸

清故處士浚泉朱君墓誌銘

辛亥　恩科舉人揀選知縣愚弟廖熊光頓首

拜撰

乙卯科副貢生敘銓儒學世愚姪陳培鏞頓首

拜書

公諱士森字深遠以字行號浚泉其先祖諱元龍者宋咸淳龢南雄珠璣巷始遷九江上沙里至公凡十六傳曾祖元叔授主簿祖大昌父雲萬俱國學生兄弟二人公居長生平敦孝友崇儉約喜周急下帷覃思嗜學不倦爲文操筆立就己丑府試屢列前茅因內幕索賕不與遂見絀戊戌歲蔡督學取錄古學僅充佾生鬱青雲之奇志甘白首以窮經困頓終身襟期恬退既而聚徒講學家課尤嚴其子逢望弱冠青衿能自樹立信善人之有後也著有自得堂詩鈔四

書文鈔藏於家聘關氏未昏歿先娶關氏同鄉附貢生功偕女繼娶程氏高明縣附貢生琛女生男二人長逢望次逢适女三人孫男年登年益公生於嘉慶四年己未五月十四日終於道光二十七年丁未十月十五日享年四十有九葬於本鄉象山寅嚮之原

銘曰

玉抱其璞珠潛於淵天爵自貴人爵奚論緬斯懿德蔭彼兒孫幽光必發炳耀乾坤

咸豐十年歲次庚申十一月　日

題名檔冊廖熊光南海縣人咸豐元年辛亥舉人陳培鏞南海縣人咸豐六年補行乙卯科副榜又俱見九江儒林書院題名

舉人辰階公墓在本鄉鶴翅山子癸嚮塋域　國朝咸豐

三年癸丑建墓誌銘揀選知縣族弟士琦撰

族兄辰階孝廉墓誌銘

己亥科舉人揀選知縣族弟士琦撰文

勅授脩職郎肇慶府高要縣儒學教諭門人李徵

霨書丹

族兄孝廉君諱尭勳字瑞占號辰階寔元始祖諱子議字獻謀府君十五傳孫大父炳元爲郡諸生有聲一時父種玉鄉居教授世其家學君生而聰穎雙目炯然甫就傳端謹如成人爲文章操管屬思深入理窔洎乎脫稾則又怡然理順渙然冰釋若未嘗極意

經營者家素窶少隨父館它氏茹苦力學寒暑弗輟年十七即爲童子師授館河淸恆自執炊虀粥之外無長物晏如也嘉慶戊寅受知於督學傅少卿棠充博士弟子員應聘授徒益淬於學年五十領道光庚子恩榜鄉薦其文葢君十年前所擬撰座主楊太史能格高侍御人鑑深賞之知文章有價而遇合之遲速固有默司其柄者至是而君之困於場屋者廿三載矣壬子冬奉旨以明年大挑復計偕北上時盜襲金陵江淮道梗至姑蘇皤然南返抵里後霑微疾數月竟不起君性和易平居無戚容晚更充養完粹鄉人士無少長皆重之以咸豐癸丑十月初六日

申時卒距生於乾隆辛亥十月十八日未時享年六十有三配黎氏子男三人長廷誥先君歿次廷詔次廷諭女四人孫男三人斯淡廷誥生諸孫斯立斯泳君素所善李君秀章先購地於鄉之鶴翅山君壟危時卜兆不即得遂舉以贈並賻金襄事爲營窀穸甃石立阡焉烏虖若李君者其亦好義之雄弗以存歿閒其交情者矣琦總角肩隨稔君始末不可以不文辭迺屑涕而銘之銘曰

鶴翅之陰吉兆是求故人高義一贈千秋牛眠既宅蟻結兼籌書厨永閟模楷長畱元魄冥冥此山之陬

咸豐三年歲次癸丑十月　日

李徵霨同縣大同堡人原名鳴韶南海縣志李鳴韶道光十二年壬辰舉人

謹按辰階公誌末兼詳李君賻金與墳事其義例蓋本韓文昌黎銘墓凡此類必謹書之如誌李觀李元賓墓誌銘客死京師既斂之三日友人博陵崔宏禮葬之於國東門之外七里鄉曰慶義原曰嵩原盧殷登封尉盧殷墓誌在登封盡寫所爲詩抵故宰相東都留守鄭公餘慶留守斂以帛米周其家將死自爲書告留守與河南尹乞葬留守尹爲具凡葬事十一月某日葬嵩下鄭夫人墓中孟郊貞曜先生墓誌銘貞曜先生孟氏卒無子其配鄭氏以告愈走位哭明日使以錢如東都供葬事遂以書告興元尹故相餘慶閏月樊宗師使來弔告葬期興元人以幣如孟氏賻且來商家事十月庚申樊子合凡贈賻而葬之洛陽東其先人墓左以餘財附其家而供祭祀柳宗元柳子厚墓誌銘其得歸葬也費皆出

觀察使河東裴君行立行立有節概重然諾與予厚結交竟賴其力諸篇是
也固足表生死交情而薄俗衰遲與爲風
厲於世道人心不無裨補亦文字微權也

壽官槐莊公妣關氏合葬庶妣陳氏陪葬墓在本鄉馬山
申庚嚮墓域　國朝道光六年丙戌建咸豐三年癸丑
脩墓誌揀選知縣吳芸撰

清故　恩賜八品頂戴槐莊朱公墓誌
甲辰　恩科舉人揀選知縣通家晚生順德吳
芸頓首拜撰
公諱帝長字殿榮號槐莊其始祖朱公獻謀於元初
定籍南海遂世爲南海九江鄉人十四傳生宏貴號

爵軒公即爵軒季子也少孤貧就童子師僅二載每以未能從師廣讀爲憾比長稅廡業賃舂暇則披覽古今書史談秦漢唐宋事瞭如指掌娓娓不倦至其操奇贏講貨殖居奇料量百不失一遂以貲起家公爲人謙以處世儉以持家下至門童孌婢未嘗加以辭色其寬中有容閭里咸稱歎焉年逾八旬精力不衰步履蹻捷如少年道光丙午恭逢 皇太后

萬壽 恩賜八品頂戴兒孫羣從燕喜稱觴蓋其擴量宏故其獲福厚也安人關氏克稱內助嘗典釵釧助公經營紡績朝昏共襄家政側室陳氏勤勞同志佐籩無尤公生於乾隆壬午年九月初四日戌時

終於道光丙午年十二月初四日卯時享壽八十有
五關安人生於乾隆癸未年五月初一日巳時終於
道光丙戌年十一月廿四日寅時享壽六十有四陳
安人生於乾隆庚子年九月初九日申時終於咸豐
癸丑年八月廿九日未時享壽七十有四男四人長
疊昌更名軼羣國學生次麟昌次裔昌次作昌女四
人孫七人曾孫二人軼羣等奉柩合葬於鄉馬山坐
寅嚮申兼甲庚之原軼羣攻舉子業與余稱石交知
公行誼故樂爲之誌而不敢辭
咸豐三年歲次癸丑九月吉日
題名檔冊吳芸順德縣人
道光二十四年甲辰舉人

壽官光國公妣周氏合葬墓在本鄉蝸山鄉志作花山辛酉嚮

墓域　國朝道光二十七年丁未建墓誌銘揀選知縣

族弟堯勳撰墓地闊一丈四尺長八尺五寸

拱屏公妣關氏合葬墓在本鄉象山丁嚮墓地闊一丈一尺長一丈九尺

舜廷公墓在本鄉鶴岡辰乙嚮祔葬隱存公墓

盛軒公碑題茂隆公墓在鶴山黃竇坑龍珠月角山甲嚮墓域

國朝道光十八年戊戌建

純川公妣關氏繼妣關氏合葬墓在本鄉大望山癸子嚮

弼亭公妣關氏繼妣陳氏曾氏合葬墓在本鄉鶴岡巳丙

嚮墓域　國朝嘉慶十二年丁卯建墓誌銘庠生關其

祥撰墓地闊九尺長一丈五尺庶妣關氏別葬西方龜山腳丙嚮巳

外嚮巽巳墓地闊一丈長八尺二寸

關其祥同鄉人

逸湖公妣關氏合葬墓在本鄉月山坤申嚮樂時公祔葬墓下詳下

栢湖公碑題南湖公妣劉氏合葬墓在本鄉松岡庚申嚮

佳圃公妣關氏合葬墓在本鄉蝸山鄉志作花山丁午嚮祔葬靜江公墓

次湖公碑題耀國公妣關氏合葬墓在本鄉蝸山鄉志作花山丁午嚮祔葬靜江公墓

賓國公墓在本鄉月山坤未嚮祔葬峭峯公墓

壽官鳳墀公妣關氏繼妣張氏合葬庶妣關氏陪葬墓在本鄉月山卯嚮

愿莽公墓在本鄉牛山丙嚮祔葬衍斯公墓墓域　國朝咸豐四年甲寅建

謹莽公墓在本鄉大塘龜山申坤嚮墓域　國朝咸豐七年丁巳建

舉人貤贈文林郎山西平陽府襄陵縣知縣曉亭公妣貤贈孺人黄氏合葬墓在本鄉貞頂山巽辰嚮墓域　國朝咸豐六年丙辰建墓誌銘江南道御史梁紹獻撰

清故　貤贈文林郎山西襄陵縣知縣舉人揀選知縣朱君墓誌銘

賜進士出身　誥授奉政大夫江南道監察御史

前翰林院編脩　國史館纂脩充丁未科會試

同考官隨帶加一級紀錄四次同邑梁紹獻撰

文

吾友朱君畹亭既沒之五年其弟子襄攜所輯行狀示余且述其先兄遺言屬余銘其墓余與畹亭交最久知之亦最深曷敢以不文辭謹按狀畹亭名士琦字贊虞世居南海九江鄉祖德進不仕父成發從九品兩世俱贈文林郎昆弟四人君居長自幼束脩嚮學道光四年補邑庠十二年補廩餼督學使者每臨試廣州君輒列前茅十九年己亥鄉試與弟子襄同捷君以第三人魁其經年四十五矣丁未會試子襄獨登第君雀躍曰弟齒比我富能比我高君恩祖德

圖報當靡涯也而綜計君之生平前後會試者六過夏待試者三上公車而未至者一束髮試有司皓首隨計吏蓋終身皆在名場中論者以君抱用世才使及時振躓仕途可以大展所學惜乎其終於不遇焉顧吾觀古之稱三不朽者立言與立德立功並重余嘗讀君所著禦盜方畧謂南順十一堡地控長江界連數縣爲五方之輻輳居百粤之下流土廣人稠言厖事雜宜按切形勢合爲一團豫杜災變其書於團中保甲操防聲援阨塞鑄造抽分儲偫諸法纖悉具備又於道光九年因西潦決桑園圍君約同志奏記當道籲請疏通下流痛除積害書上大吏咨嗟動色

王者奉行不力事竟無成然指陳鑿鑿坐而言者實可起而行至於遇之通塞命也畹亭究何慊乎哉君爲人磊落耿介天性尤孝友事繼母能得其驩心撫愛諸弟最篤初計偕北上途中與季弟書有曰自惟寡薄豈辦任官此行邀福或叨一第思遂南歸寄迹丙舍將吾叔仲長奉板輿陸機之屋不閒乎東西何點之山畧分乎大小時及霜露言羅雞豚祀先之餘兼以速客風詩教睦取鹿食之相呼金石歌商結鶉衣而不耻明明如月長照其素風溫溫恭人永垂爲家法閉門養親至於沒齒雖三公上衮百城南面何以易此哉朗誦此書令人孝友之心油然而生矣平

曰健於爲文尤研究聲詩兼精醫學羅蘿村先生謂
其詩從漁洋歸愚兩家議論入不從兩家議論出故
其自得之妙不離於漢魏六季三唐風槩而自瀹性
靈張太守南山謂其晚作獨窺陶杜眞詮古律皆如
果熟霜紅氣味老辣昔在都門以醫術爲陳偉堂相
國文孔脩趙蓉舫兩尙書所賓接余以體孱善病頼
君調治之力居多陸宣公有言不爲良相當爲良醫
君之謂矣所著有怡怡堂集其生以乾隆六十年九
月二十八日卒於咸豐六年六月二十五日享年六
十有二越月葬於其鄉大望山貞原以弟子襄官
山西襄陵縣知縣贈君如其官配黄孺人無子先一

年歿側室子之繩幼學女子子二人余忝屬知交曩
官京師時過從尤密謹按狀爲文誌其梗概如此并
系以銘曰
大望之山貞頂之原君藏於斯安且吉兮以昌其子
孫
咸豐十年歲次庚申十二月　日
題名碑錄梁紹獻廣東南海縣人道光二十一年辛丑進士按梁紹獻原名獻廷南海縣志舉人已著錄

普山公碑題冠賢公妣曾氏合葬墓在本鄉馬山壬亥嚮祔葬信廷公墓

文齋公碑題華書公妣關氏合葬墓在本鄉象山乾嚮繼妣李

氏別葬墓左上方同嚮

韞山公碑題燦玉公 妣岑氏合葬墓在本鄉牛山甲卯嚮祔葬浩庵公墓

錫軒公繼妣岑氏合葬墓在本鄉象山直泉公墓下辛酉嚮墓域 國朝嘉慶十五年庚午建道光二十二年壬寅脩墓誌揀選知縣族弟堯勳撰妣關氏繼妣黄氏庶妣關氏別葬鎮山丑艮嚮墓地闊六尺長七尺

懷軒公妣曾氏繼妣易氏合葬墓在本鄉象山直泉公墓下辛酉嚮墓域 國朝道光十九年已亥建墓誌揀選知縣族弟堯勳撰庶妣傅氏別葬龜山據懷軒公墓誌脩

友石公妣妣關氏合葬墓在本鄉大望山辛嚮

潄石公妣陳氏合葬墓在本鄉牛山巳嚮祔葬如軒公墓

儀彬公妣潘氏繼妣關氏合葬墓在本鄉芙蓉山乙嚮祔葬端長公墓

義莊公墓在本鄉象山丁午嚮墓域　國朝道光十四年甲午建

偉業公妣梁氏繼妣關氏合葬墓在本鄉象山艮嚮墓地上闊八尺五寸下闊一丈零八寸左右俱長一丈四尺

贈奉政大夫同知銜慕韓公墓在本鄉網帶山卯甲嚮墓域　國朝咸豐七年丁巳遷建墓誌銘襄陵知縣族弟汝琦撰墓地闊一丈四尺長一丈四尺妣贈宜人張氏別葬西方龜山巳丙嚮

贈奉政大夫府同知銜朱君墓誌銘

賜同進士出身原署山西襄陵縣知縣前署孝義

縣事族弟次琦撰文

咸豐庚申置閏後七月族子福元攝衣冠奉功載叩
庭下愬愬拜曰先奉政棄不肖孤踰十年不肖孤沐
食庥蔭無能邁迹發名以光揚其志業今荷 國寵
靈而先緒卒沒沒未顯厥戾滋大吾叔幸哀假之遂
拜且泣余曰然惟迺考奮而勤身愿而不忘本用能
延展世德以庇賴其子孫於法得銘謹按君南海九
江朱氏與余同祖者三世其四世爲同母昆弟故余
與君衡宇相望爲比鄰君祖一傳爲靈川司訓諱文

錦以明倫謹身教士有名嘉靖時司訓八傳至君大父斐章父存禮皆微在田畝君孤貧棄讀年十八迺跳身西徼營業於龍州龍州土劣君安之數年繼籌鹽筴於越南之河內而歲轉於滇粵往來鎮安開化間其後置箸寄帑不離河內休老告終終在故居將終遺言曰吾薄祜離鄉雙親先在淺土爽塏營遷崦嵫遽迫汝曹速成吾志以贖曩愆吾有嫠妹貞苦無依贍老篤終旣吾後責餘無它言然則君雖長爲旅人乎其積念未嘗不惓惓厥家也君卒以道光廿九年三月廿六日春秋六十有九初厝鄉之大望山越九載迺定兆於網帶山配同鄉張氏生子啟元箴室

子奎元耀元福元顯元啟元後君五年歿耀元後君以八年福元援例同知顯元援例州同知女二人孫八人初君之出也僅一再寍家於後去鄉且三十年卒獲舊里考終子孫逢吉今奎元福元等又克式廓慶餘以不瑕於遠永懷明發以篤厚於宗皆善體君勤身不忘本之懿而推大之烏虖可尚也已君諱庭桂字兆榮後更曰廷貴又字慕韓同產四人君行長惟君以子贈奉政大夫銘曰

謇惟羈孤能蹶興為山奔匪因邱陵西逝賁古南麓泠雖弗陶頓亦載嬴雖弗籛明亦有齡卅年為世飛電驚歸如化鶴遼東丁綱峯蔥鬱邱首稱降嘏兩地

生寧馨丕視德載以有銘

咸豐十年歲次庚申十二月　日

十六世清海公妣關氏合葬墓在本鄉鎮山丑艮嚮墓地闊七尺長一丈

副貢生分發教諭普存公墓原在本鄉大望山辰嚮墓域

國朝咸豐八年戊午建九年己未脩墓誌增貢陳觀濤撰十年庚申遷葬鎮山辛酉嚮墓地闊六尺五寸長九尺

清故分發教諭前就職直隸州州判朱君墓誌

增貢生同里陳觀濤撰文

刑部主事門生崔桂書丹

君姓朱氏原名澄湘字廷琛後更名庭森號普存其始遷祖元龍由保昌縣居南海九江父光宇國學生

君幼奉庭訓頭角嶄然道光四年補郡庠十一年中
副榜廿一年就職直隸州州判旋改就教職咸豐五
年緣捐輸奏准以復設教諭選用生平慷慨任事見
義必為其尤著者業師潘孝廉澍漳即世君摟諸同
門勸分得五百餘金經紀其家嘗為黨正止畧償禁
博簺驅巫覡之惑民者鄉人德之其未仕而暫就鹺
務也歷興業賀縣兩牢盤流賊擾賀脅以刃君談笑
卻之不為害又值土客械鬬同事者逸矣君挈同張
君民則獨踰險阻備嘗卒能全濟其身而商戶所託
汔無損濤與君交最深咸豐三年游楚又二年轉賀
握手話舊得悉其詳為欷歔久之烏虖君往矣設使

生爲朝廷守土一旦有變必能戡其亂而扶其危卽
不幸萬難圖存又豈若倖生者流棄信地而遁逃蒙
愧恥以求活哉至於居家孝友能容門內橫逆又彰
彰在人耳目中者君生於嘉慶三年七月廿七日終
於咸豐八年九月三十日享年六十有一配曾氏同
鄉曾元剛長女生男三人長可鍇次可鋻次可錡更
名杰國學生女三長適同鄉庠生鄭君謙子次適同
鄉國學關君侶麒子孫六人效文敔文耀文鋈文鍾
文洪文君卒之月鍇等奉厝於鄉之大望山辰嚮之
原

咸豐九年歲次己未十一月　日

陳觀濤同鄉人崔
桂同縣沙頭堡人

爲禮公碑題註培公墓在本鄉象山甲卯嚮祔葬慶餘公墓

爲仁公碑題幹培公墓在順德龍山鄉柏子山午丁嚮墓地闊一丈一尺長一丈二尺

渭濤公墓在本鄉鶴岡申嚮祔葬達聯公墓

台石公墓在本鄉大望山梧軒公妣陳氏墓下辛酉嚮

綸閣公墓在本鄉松岡癸子嚮墓域 國朝咸豐元年辛亥建

監生曉川公墓在本鄉馬山庚申嚮墓域 國朝咸豐三年癸丑建庶妣劉氏祔葬墓右墓地闊一丈長一丈二尺七寸

唐階公碑題堯贊公墓在本鄉象山壬子嚮墓地闊五尺長七尺

誠齋公碑題意堂公姚闞氏合葬墓在本鄉龕貝山鄉志作龕山庚
酉嚮墓地闊六尺長八尺
未入流銜照山公墓在本鄉象山坤申嚮墓域　國朝咸
豐六年丙辰遷建墓誌銘襄陵知縣族叔次琦撰墓地闊八尺五寸長一丈一尺

清故朱少府墓誌銘

賜同進士出身原署山西襄陵縣知縣前署孝義
縣事族叔次琦撰文

道光廿一年辛丑十二月照山少府無祿年三十九
矣前卒召子兆鼇跽志遺訓且使乞銘於其族父次
琦泣言曰吾生無善於世不自揣挫殁願有庇於子

孫若爾吾哀必以夫子銘是吾果不憖棄於鉅人先
生而有辭於來世也爾其勉之兆鼇弱能知哀將窆
則哭來請銘屬余人事攘攘始以公車繼以憂未有
以應也丁未冬余歸自京師將就官山右拮据稱貸
事益冗瞀而兆鼇每見則搏顙請如初辭加巽無怨
而顏色加蹙切以悲余心愧之抑無暇以爲然自赴
官以後平生文字之責以遽皆不省錄獨少府存歿
兩世辭意悃款時往來於胷中當夫寒更支枕長途
馬上偶然棖觸未嘗不怦怦有動神恍恍而若有亡
也少府蚤孤席溫飽游里巷不敢以辭色加人平居
無子弟之過假能永年或將有立獨不幸死耳今兆

鼇祇奉先緒勖率諸弟如其謹又加才焉少府爲不死矣少府娶闞氏無子側室子兆鼇曉鼇乘鼇女四人孫三人咸豐丙辰卜營少府新兆而余適解組歸迺大慰曰余今則可以銘矣蓋踰少府之歿忽忽十有六年逝者有知其將起舞樂受而獨此諾責矣乎

銘曰

銘君藏姓朱氏諱祥光耀懷字小字報與號四爻佐昌微無位君捐輸爵從未一命膺年遂躋鳳山麓滃瀅漬徙象嶺高燠地惟有子遘祥懿我鑱石瞑君背無後艱視茲志

咸豐六年歲次丙辰九月二十八日

謹按漢人碑版定例有一資者無不稱資如孝廉有道之類是也有一官者無不稱官如相府小史之類是也又本銘辭直謂以捐輸受爵蓋紀實也考捐納授職史傳多有而見於碑版尚希惟大周故珍州榮德縣丞梁君墓誌銘中有云命將出師千金之費逾廣飛芻輓粟萬里之糧宜繼君戶庭不出鞍甲匪疲遂因轉輸之勤遂受茂功之賞永隆二年以運糧勳蒙授上柱國又云紀事功減實憑子來之力穀林務畢仍覃發衷之旨垂拱二年以乾陵作功

別勅放選釋褐調補隱陵署丞則皆敘梁
君出貲授官勳事也澤王府主簿梁君誌
亦同

樂時公妣張氏合葬墓在本鄉月山坤申嚮祔葬逸湖公墓
憲呂公碑題魯吾公墓在本鄉馬山壬亥嚮墓域 國朝道光
二十五年乙巳建

十七世四海公妣黃氏合葬墓在本鄉象山乙卯嚮墓域 國
朝咸豐四年甲寅遷建

德凱公墓在本鄉大望山蜘蛛嘴卯嚮墓地闊一丈三尺長二丈

外祖墓附

外祖關公妣麥氏合葬墓在本鄉蝸山鄉志作花山申庚嚮墓域

國朝道光十年庚寅脩東陽公附葬墓下見上墓地闊一丈一尺長一丈四尺

謹按世紀關公同鄉人生宋元時世遠諱字行實俱佚爲我始祖獻謀府君外舅麥氏迺其外姑無子妻吾始祖有恩吾家歿與爲邱封世與爲展奠元明汔今五百有餘歲增脩灑埽不懈益虔歲以祭祖墓日上其家昔程子作上谷郡君家傳云先妣夫人侯氏享年四十九未終前一日命頤曰今日百五爲我祀父母明年不復祀矣夫以程氏之門侯夫人之懿祀外氏者秖及其身而我家則自上世以來有舉勿廢

陶淵明外祖孟府君傳所謂凱風寒泉之思實鍾厥心是故矜矜繩繩與宗禋而俱永也朱子語錄汪德輔問祖考精神便是自家精神故祭祀來格若祭及外親則其精神非親之精神矣豈於此但以心感之而不以氣乎朱子曰但所祭者其精神魂魄無不感通蓋本從一源中流出初無間隔雖天地山川鬼神亦然也

又按墳塋之制　大清通禮凡塋地一品九十步封丈有六尺二品八十步封丈有四尺三品七十步封丈有二尺四品六十步封一丈五品五十步封八尺六品四十步七品二十步封皆六尺庶士視七品庶士謂八品以下官至生監庶人九步封四尺發步

均自塋心數至四旁　按塋地以步計者爲買地而葬宅人不得跨越或葬祖塋族人不得於步内更葬也若葬已業地有畸零或有前葬者步數不足皆不在此限又封冢高卑南北圍以垣地勢異宜聽其減殺但不得踰等

公侯伯周四十丈二品以上三十五丈五品以上三十丈六品以下十有二丈庶人八丈　按闈垣之制會典云公侯伯周八十庹一品以下七十庹三品以下六十庹六品以下二十四庹庶民十六庹庹音託兩腕引長也五尺爲一庹八十庹卽四十丈與通禮所載丈異而數同　置守塋戶公侯伯四戶二品以上二戶五品以上一戶六品以下二人設石像生公至二品用石人石馬石虎石羊石望柱各二三品減石人四品減石

人石羊五品滅石人石羊石虎按三品滅石人四品
滅石羊五品滅石虎則六品以下滅石馬
庶士幷去望柱可推而知又按設石像生
之制風俗通云罔象好食死人肝腦故葬
日爲方相氏入壙驅之又立方相於墓側
罔象畏柏與虎故墓前植柏立虎漢霍去
病墓立石人馬旌陽太守趙起墓有石柱
炙轂子曰秦漢以來墓有石人羊虎柱如
生前儀衞也今漢制傳於世者有門亭長
水經注云鄒食其廟石人胷前有銘字曰
門亭長有府門之卒金石圖云魯恭王墓
前東側一石人介而執殳高五尺腰圍七
尺刻字曰府門之卒有亭長金石圖云一
石人冕而拱手立領下裂紋如滴淚痕高
五尺五寸腰圍七尺五寸刻漢故樂安太
守麃君亭長十字與上府門之卒並肩西
嚮立相去五六步唐人亦謂之翁仲王愓
甫云余嘗東謁　景陵二石人朝衣
朝冠東立二石人介胄佩刀西立蓋東立
者二大學士西立者二領侍衞內大臣也
今以漢守相用門卒亭長之義推之則一

品官當用兩人對立如生前文武巡捕官之屬可也石獸則漢人所傳不一往往刻文獸膊其制有辟邪天祿說見上有師子武氏石闕紀孫宗作師子直錢四萬有馬水經注云曹嵩闕北夾碑東西對立二石馬高八尺五寸有虎隸續云种氏石虎刻文曰光和七年四月五日己丑孝子种覽元博所造有羊隸續云交阯刺史君羊交阯刺史四字爲一行君羊二字爲一行有龜淮源廟碑文云石獸表道靈龜十四此皆漢人墳壇石獸之可據者也　大清會典官民營葬不得造立地券按地券在隧道內石琳之前用瓴石甃成官民均不得僭用隧道故亦不得造地券若誌石藏甕壙中不在禁例碑碣之制已詳上文通禮庶人有誌無碣

又按拜埽之禮　大清通禮歲寒食或霜降節拜埽壙塋其日主人夙興率子

弟素服詣墳塋執事者具酒饌僕人備芟翦草木之器從既至主人周眡封樹僕人翦除荆草汔以次序立墓前焚香供酒饌再拜在列者皆再拜興遂祭土神陳饌墓左上香酹酒主人以下序立再拜退又雍正元年定例凡公以下有頂戴官員以上周年百日及上墳常祭祭筵羊隻各照定例內減半用庶民常祭亦照定例從減按定例讀喪禮初祭大祭也通禮初祭大祭民公筵十有五席羊七楮四萬侯筵十有三席楮三萬六千伯筵十有二席楮三萬二千均羊六一品官筵十一席羊五楮二萬八千二品官筵八席羊四楮二萬四千三品官筵六席楮二萬四品官筵五席楮萬有

六千均羊三五品官筵四席楮萬有二千
六品七品官筵三席楮萬均羊二庶士同
庶人筵二席羊一楮六千減半謂一品官
初祭大祭筵十席減爲五羊五減爲二或
三楮二萬八千減爲萬四千上及民公侯
伯下至士民各照前數減半據此則墓祭
酒饌各有定制力不能具者酌用可也又
按楮幣即紙錢及金銀楮錠也唐書王璵
傳云漢以來喪葬皆有瘞錢後世以紙寓
錢爲鬼事五代史云晉祭顯陵焚紙錢於
南莊周世宗慶陵用楮錢見聞記云魏晉
以來始有紙錢今自王公至於匹庶通行
之矣資暇錄云邵康節春秋祭祀約古今
行禮亦焚楮錢鼠璞云以紙寓錢亦明器
爾與塗車芻
靈何以異　　大清會典清明祭埽
官民均不得插用壙花按壙花以楮錢爲之飾以采繒所謂
寶花也今民間掛用紙幡或插春條者不
在禁例　又讀禮通考論墓祭曰禮經無
祭墓之文故先儒云古不墓祭墓祭自東
漢明帝始然經雖無明文而傳記間有其

事如武王將東觀兵上祭於畢則周初有行之者矣曾子曰椎牛而祭墓不如雞豚逮親存也則春秋末有行之者矣孟子云東郭墦間之祭則戰國時有行之者矣張良子孫上先冢幷祀黃石則西漢初有行之者矣夫豈始於明帝哉特天子率百官上陵以每歲正月行之垂爲永制則自明帝始耳原夫古之所以不墓祭者人之死也骨肉歸於土而魂氣無不之魂依於主魄藏於壙魂有靈而魄無知故聖人祭魂於廟不祭魄於墓非察於幽明死生與鬼神之情狀者孰能與於此然而展墓之禮經固有明文顏淵贈子路曰去國則哭於墓而後行反其國不哭展墓而入展墓者即後世之所謂拜埽也桑梓之樞桮棬之澤人子猶不敢忘況親之體魄所藏豈有終歲不省而能恝然者故拜埽不可闕拜埽既不可闕則薦以時物將其愨誠亦禮之緣情而生由義以起者故蔡邕謂上陵之禮雖煩而不可省而朱子家禮亦載寒食墓祭之儀記曰有其舉之莫敢廢也今必欲廢千餘年通行之事以求合於古經

豈仁人孝子不忍死其親之心哉所可怪
者末俗相沿流失日甚或假上墓之便召
客宴會酬歌醉舞與蹋青藉草之游同其
驩暢夫過墟墓而生哀人之情也陶淵明
與人飲周家墓柏下迺西晉放誕餘習禮
法之士猶不爲剏一本之親而樂其所哀
也哉君子以爲有人心者宜於此變焉矣
李濟翁資暇錄言當時寒食拜埽多白衣
麻鞵朱子稱湖南風俗猶有古意人家上
冢往往哭盡哀今縱不必爾亦當致其怵
惕悽愴之意行墳塋省封樹翦荊棘培土
壤近者旋反遠則託旁舍一飯而去不用
飲福是爲禮之變而不失其正者至若近
世士大夫榮貴還家必上墓焚黃盛宴親
舊鼓樂喧闐夸耀鄉閭恐亦非禮此當以
告廟爲正如必欲從俗則去樂罷宴惟以
公服行事可也　冢禮葬定論古墓祭用
寒食日毛西河云二十四氣之名不顯於
經惟兒寬正朔議有云黃帝建氣物分數
氣者二十四氣也其中啟蟄霜降諸名雜
見月令左傳夏小正諸書而不能全見獨
漢志孝經緯始全載人一本之太初歷是

太初以前清明未顯焉得有清明上墓之
事惟寒食上墓則六朝初唐蚤有之如李
山甫沈佺期寒食詩皆有九京報親諸語
全不始開元二十年之勅蓋寒食上墓前
此所有而開元則始著爲令耳若清明則
自六朝以迄唐末凡詩文所見並不及上
墓一語沿及五代吳越王時羅隱有清明
日曲江懷友詩始有二年隔絶黃泉下句
至宋詩則直曰清明祭掃各紛然竟改寒
食爲清明矣按寒食節名見於魏武令司
馬彪續漢書及荆楚歲時記與清明相隔
一日相傳自冬至一百五日爲寒食一百
六日爲清明元微之詩初過寒食一百六
是也二節本相連而歷家秖取清明諸節
編入歷中至寒食上巳諸節皆不之及因
之世但知清明而不知寒食遂漸漸以寒
食上墓事歸之清明理固然也則是墓祭
大禮自古所有而清明之節亦復列代相
因展轉有據家祭之外必
當墓祭誰曰墓祭非古乎

又按喪葬墳冢之律　大清律例禮

律儀制載凡有尊卑喪之家必須依禮定限職官庶民三月而葬安葬若惑於風水及託故停柩在家經年暴露不葬者杖八十若毀棄死屍又有本律按乾隆三十七年例停柩未舉者以一年爲斷除有力有地可葬者促令依禮安葬外或一時實不得地許於城外任地權厝仍令上緊覓地安葬毋致久寄淺土倘有遠年停柩不葬者按律治罪其從尊長遺言將屍燒化及棄置水中者杖一百從卑幼並減二等刑

律賊盜下載若卑幼發五服以內尊長墳冢者同凡人論按凡發掘墳冢見棺槨者杖一百流三千里發而未至棺槨者杖一百徒三年開棺槨見屍者斬監候若棄屍賣墳地者罪亦如之買地人牙保知情者各杖

八十追價入官地歸同宗親屬不知者不坐若尊長發五服以內卑幼墳冢開棺槨見屍者緦麻杖一百徒三年小功以上各遞減一等祖父母父母發子孫墳冢開棺槨見屍者杖八十其有故而依禮遷葬者尊長卑幼俱不坐又刑律賊盜下條例凡愚民惑於風水擅稱洗筋檢筋名色將已葬父母及五服以內尊長骸骨發掘檢視占驗吉凶者均照服制以毀棄坐罪按賊盜律毀棄緦麻以上尊長死屍者斬監候棄而未失其屍及殘傷者減一等緦麻以上卑幼各依凡人遞減一等毀棄子孫死屍者杖八十其子孫毀棄祖父母幫父母死屍者不論殘失與否斬監候

同洗檢之人俱以爲從論地保扶同隱匿照知人謀害它人不即阻首律杖一百若有故而以禮遷葬者仍照律勿論凡發掘墳冢焚挖已葬屍棺洗骸易柩分析骨殖審係地師教誘將教誘之地師均照詐教誘人犯法律分別治罪又刑律賊盜上條例凡子孫將祖父墳塋前列成行樹木及墳旁散樹高大株顆私自砍賣者一株至五株杖一百枷號一個月六株至十株杖一百枷號兩個月十一株至二十株杖一百徒三年二十一株以上首民人發邊遠

充軍如墳旁散樹並非高大株顆止問不應重杖若係枯乾樹木不行報官私自砍賣者照不應重律杖八十看墳人等及奴僕盜賣者罪同盜賣墳塋之房屋碑石甎瓦木植者子孫奴婢計贓並准竊盜罪一等姦徒知情私買墳塋樹木者減子孫盜賣罪一等不知情者不坐其私買墳塋之房屋碑石甎瓦木植者均減盜賣罪一等樹木等物分別入官給主

又按嶺南喪葬惡習有四曰火葬曰洗骨葬俗曰拾骨曰停喪不葬曰既葬屢遷火葬行

於前朝近世久絶停喪多屬巨室吾族尙
希然國俗旣有此流失不可不昭厲禁也
爰甄取名論數則附存家牒永戒子孫

論火葬　顧氏炎武曰火葬之俗盛行於
江南自宋時已有之宋史紹興二十七年
監登聞鼓院范同言今民俗有所謂火化
者生則奉養之具惟恐不至死則燔爇而
捐棄之國朝著令貧無葬地者許以官地
安葬河東地狹人衆雖至親之喪悉皆焚
棄韓琦鎭并州以官錢市田數頃給民安
葬至今爲美談然則承流宣化使民不畔

於禮法正守臣之職也事關風化理宜禁止仍飭守臣措置荒閒之地使貧民得以收葬從之景定二年黄震爲吳縣尉乞免再起化人亭狀曰照對本司久例有行香寺曰通濟在城外西南一里本寺久爲焚人空亭約十閒以罔利合城愚民悉爲所誘親死即舉而付之烈燄餘骸不化則又舉而投之深淵哀哉斯人何辜而遭此身後之大戮邪震久切痛心以人微位下欲言未發迺五月六日夜風雷驟至獨盡撤其所謂焚人之亭而去之意者穢氣彰聞

寃魂共訴皇天震怒心絶此根越明日據
寺僧發覺陳狀爲之備申使府蓋亦幸此
亭之壞耳按吏何人敢受寺僧之屬行下
本司勸令監造震竊謂此亭爲焚人之親
設也人之焚其親不孝之大者也此亭其
可再也哉謹按古者小斂大斂以至殯葬
皆擗踊爲遷其親之尸而動之也況可得
而火之邪舉其尸而畀之火慘虐之極無
復人道雖蚩尤作五虐之法商紂爲炮烙
之刑皆施之於生前未至戮之於死後也
展禽謂夏父弗忌必有殃既葬焚煙徹於

上或者天實灾之然謂之殃則凶可知也
楚子期欲焚麇之師子西戒不可雖敵人
之尸猶有所不忍也衞侯掘褚師定子之
墓焚之於平莊之上殆自古以來所無之
事田單守即墨之孤邑積五年出萬死一
生之計以激其民故襲用其毒誤燕人掘
齊墓燒死人齊人望之涕泣怒十倍而齊
破燕矣然則焚其先人之尸爲子孫者所
痛憤而不自愛其身而田單思之五年出
此詭計以誤敵也尉佗在粵聞漢掘燒其
先人冢陸賈明其不然與之要約亦曰反

則掘燒王先人冢耳舉至不可聞之事以相恐非忍爲之也尹齊爲淮陽都尉所誅甚多及死仇家欲燒其尸尸亡去歸葬說者謂其尸飛去夫欲燒其尸仇之深也欲燒之而尸亡是死而有靈猶知燒之可畏也漢廣川王去淫虐無道其姬昭信共殺幸姬王昭平王地餘及從婢三人後昭信病夢昭平等迺掘其尸皆燒之爲灰去與昭信旋亦誅死王莽作焚如之刑燒陳良等亦遂誅滅魏文帝終制畧曰喪亂以來漢氏諸陵無不發掘至迺燒取玉柙金縷骸骨并盡是焚如之刑也豈不重痛哉東海王越亂晉

石勒剖其棺焚其尸曰亂天下者此人也吾爲天下報之夫越之惡固宜至此亦石勒之酷而忍爲此也王敦叛逆有司出其尸於瘞焚其衣冠斬之所焚猶衣冠耳惟蘇峻以反誅焚其骨楊元感反隋亦掘其父素冢焚其骸骨慘虐之門既開因以施之極惡之人周禮秋官掌戮凡殺其親者焚之然非治世法也隋爲仁壽宮役夫死道上楊素焚之上聞之不悅夫淫刑如隋文且不忍焚人則痛莫甚於焚人者矣蔣元暉瀆亂宮闈朱全忠殺而焚之一死不足以盡其罪也

然殺之者當刑焚之者非法非法之虐且不可施之誅死之罪人況可施之父母骨肉乎世之施此於父母骨肉者又往往拾其遺燼而棄之於水則宋誅太子劭逆黨王鸚鵡嚴道育既焚而揚灰於河之故智也慘益甚矣而或者迺以焚人爲佛法然聞佛之說戒火自焚也今之焚者戒火邪人火邪自焚邪其子孫邪佛者外國之法今吾所處中國邪外國邪有識者爲之痛惋久矣今通濟寺僧焚人之親以罔利傷風敗俗莫此爲甚天幸廢之何可興之欲

望台□慈矜生民之無知念死者之何罪備
牓遍濟寺風雷已壞之焚人亭不許再行
起置其於哀死愼終實非小補然自宋以
來此風日盛國家雖有漏澤園之設而地
窄人多不能徧葬相率焚燒名曰火葬習
以成俗謂宜每里給空地若干爲義冢以
待貧民之葬除其租稅而更爲之嚴禁焚
其親者以不孝罪之庶乎禮教可興民俗
可厚也烏虖古人於服器之微猶不敢投
之於火故於重也埋之於杖也斷而棄之
況敢焚爻於尸柩乎荼毗之教始於沙門

塞外之風被於華夏辛有之適伊川其亦預見之矣爲國以禮後王其念之哉列子言秦之西有儀渠之國者其親戚死聚柴積而焚之熏則煙上謂之登遐然後成爲孝子荀子言氐羌之民其俘也不憂其係纍而憂其死不焚也蓋西羌之俗有之

尤氏侗曰火葬之俗斷宜禁止凡人親柩在家忽遭火起必痛哭呼號竭力扶出之不幸被焚則羣罪爲不孝況舉父母之尸自焚之乎惟浮屠氏以茶毗爲常惡有禮義之人而比邱其親者乎

論洗骨葬　趙氏翼曰時俗愚民有火化其先人之骨者謂之火葬顧寧人已詳言

其凶慘然又有洗骨葬者凶悖尤甚江西廣信府一帶風俗既葬二三年後輒啟棺洗骨使淨別貯瓦缾內瘞之是以爭風水者往往多盜骨之案余友沈倬其宰上饒見庫中有骨數十具皆盜葬成訟貯庫者

按南史顧憲之傳憲之爲衡陽內史其土俗人有病輒云先亡爲禍迺開冢剖棺水洗枯骨名爲除祟則此惡俗由來久矣

黃氏宗羲曰問者曰地苟不吉遷之可乎曰支解之慘夫人知之入土之尸棺朽骨散拾而置之小櫝其慘不異於支解何如

安於故土免戮尸之虐乎況吉不吉誰能知之即不吉亦不可遷也按此論痛言拾骨之害亦與論遷葬相發明

論停喪不葬　張氏爾岐曰葬之習於侈也於是有久而不克葬者是徒知備物豐儀之爲厚其親而不知久而不葬之大悖禮也先王之制喪禮始死而襲襲而斂三日而殯殯而治葬具其葬也貴賤有時天子七月諸侯五月大夫三月士踰月先時而葬者謂之渴葬後時而葬者謂之怠喪其自襲而斂自斂而殯自殯而葬中閒皆

不治宅事各視其力日夕拮据至葬而已以爲所以計安親體者必至乎葬而始畢也襲也斂也殯也皆以期成乎葬者也殯則不可不葬猶之襲則不可不斂斂則不可不殯相待而爲始終者也故不可以宅事閒也今有人親死踰日而不襲踰旬而不斂踰月而不殯苟非狂易喪心之人必有痛乎其中者矣至於累年而不葬則相與安之何也殯者必於客位所以賓之也父母而賓之人子之所不忍也而爲之者以將葬故賓之也所以漸卽乎遠也殯而

不葬是使其親退而不得反於寢進而不得即於墓不猶之客而未得歸歸而未得至者歟非人事之至難安而人子之大不忍者歟晏子春秋生者不得安命之曰蓄憂死者不得葬命之曰蓄哀喪服小記曰久而不葬者惟主喪者不除其餘以麻終月數者除喪則已孔氏曰久而不葬謂有事礙不得依月葬者則三年冠服身皆不得祥除主喪者謂子爲父臣爲君妻爲夫孫爲祖父歿持重皆爲喪主不得除也其餘謂期以下至緦也劉世明曰衆子雖非喪主亦不得除　張憑謂已嫁之女猶不得除天性難可盡奪疑則從重孔叢子司

徒文子問於子思曰喪服既除然後迺葬則其服何服子思曰三年之喪未葬服不變除何有焉司馬溫公葬論亦云迺知古之人有不幸有故不得葬其親者雖踰三年不除服其心所痛在於未葬以爲與未及三月者同實也與未及三月者同實斯不得計時而即吉矣何也喪之即吉始於虞而成於禫虞之爲禮起於既葬送形而往迎精而反故爲虞以安之未葬則無所爲而虞不虞則卒哭而祔皆無所爲而舉卒哭與祔不得舉又何爲而可以練何爲而可以祥

且禫故雖踰三年與未及三月者同實也未及三月而欲舉祥禫之禮行道之人弗忍矣喪服小記三年而後葬者必再祭注云謂練祥也葬月虞明月練又明月祥劉世明曰禮虞而柱楣翦屏練而毀廬居堊室祥而席禫而牀今此虞及練祥雖爲局促猶追償其事若在異月以其本異歲也練祥之服變除之宜宜如其節也斯其所以可以除而弗除與斯其所以窀斂形還葬縣棺而封而必不敢爲溢望奢求以至於久而不葬也歟不然古之人豈不欲厚其親者哉盡人皆子也生事顯榮死葬華盛盡人之子皆有是心也尊卑制乎分盈絀限乎力斯誠不可如何者耳孟

子不云乎不得不可以爲悅無財不可以爲悅奈何以欲厚其親之心反使其親久客而不得即於安豈非所謂去其小不備而就大不備者乎盍亦思所以變計乎

陳氏可大曰以麻終月數者期以下至緦之親以主人未葬不得變葛故服麻以至月數足而除不待主人喪後之除也然其服猶必收藏以俟送葬也夫未葬之喪期以下至緦之親且不得變葛而爲之子者迺循葬畢之制而練而祥而禫是則今之人其無父母也久矣　顧氏炎武曰停喪

之事自古所無自建安離析永嘉播竄於是有不得已而停者常煒言魏晉之制祖父未葬者不聽服官（晉書慕容儁載記）而御史中丞劉隗奏諸軍敗亡失父母未知吉凶者不得仕進宴樂皆使心喪有犯君子廢小人戮（通典）生者猶然況於既歿是以兗州刺史滕恬爲丁零翟所殺尸喪不反恬子羨仕宦不廢論者嫌之（南史鄭鮮之傳鮮之議引楊臻七年不除喪三十餘年不關人事）齊高帝時烏程令顧昌元坐父法秀宋泰始中北征尸骸不反而昌元宴樂嬉游與常人無異有司請加以清議

南齊書本紀 振武將軍邱冠先爲休留茂所殺喪尸絕域不可復尋世祖特敕其子雄方敢入仕 河南氏羌傳 當江左偏安之日而猶申此禁豈有死非戰場棺非異域而停久不葬自同平人如今人之所爲者哉晉書賀循爲武康令俗多厚葬及有拘忌回避歲月停喪不葬者循皆禁焉舊唐書顏眞卿傳時有鄭延祚者 新書朔方令 母卒二十九年殯僧舍垣地眞卿劾奏之兄弟終身不齒天下聳動冊府元龜後周太祖廣順二年十一月丙午勅曰古者立封樹之制定喪

葬之期著在經典是爲名教洎乎世俗衰
薄風化陵遲親沒而多闕送終身後而便
爲無主或羈束於仕宦或拘忌於陰陽旅
櫬不歸遺骸何託但以先王垂訓孝子因
心非以厚葬爲賢只以稱家爲禮埽地而
祭尚可以告虔負土成墳所貴乎盡力宜
頒條令用警因循庶使九原絶抱恨之魂
千古無不歸之骨搢紳人士當體茲懷應
內外文武臣僚幕職州縣官選人等今後
有父母祖父母亡歿未經遷葬者其主家
之長不得輒求仕進所由司亦不得申舉

解送而宋史王子韶以不葬父母貶官劉昺兄弟以不葬父母奪職並本傳後之王者以禮治人則周祖之詔魯公之劾不可不著之甲令但使未葬其親之子若孫搢紳不許入官士人不許赴舉則天下無不葬之喪矣　又曰魏劉仲武娶母邱氏生子正舒正則及母邱儉敗仲武出其妻司馬師夷儉三族故仲武出妻更娶王氏生陶仲武爲母邱氏立別舍而不告絕及母邱氏卒正舒求祔葬陶不許正舒不釋服訟於上下泣血露骨衰裳綴絡數十年弗得以至死亡宋海

虞令何子平母喪去官哀毀踰禮屬大明
孝武帝年號末東土饑荒繼以師旅八年不得
營葬晝夜號哭常如袒括之日冬不衣絮
夏不就清涼一日以米數合爲粥不進鹽
菜所居屋敗不蔽風日兄子伯興欲爲葺
理子平不肯曰我情事未申天地一罪人
耳屋何宜覆蔡興宗爲會稽太守甚加矜
重爲營冢壙朱子采入小學善行篇梁殷不佞爲武
康令會江陵陷而母卒道路隔絶不得奔
赴四載之中晝夜號泣及陳高祖受禪起
爲戎昭將軍除婁令至是四兄不齊始迎

喪柩歸葬不佞居處禮節如始聞喪若此
者又三年唐歐陽通爲中書舍人丁母憂
以歲凶未葬四年居廬不釋服冬月家人
密以氈絮置所眠席下通覺大怒遽令撤
之元孫瑾父喪停柩四載衣不解帶此數
事可爲不得已而停喪者之法　劉氏榛
曰或問王制大夫士庶人三月而葬左氏
曰大夫三月士踰月宜何從曰檀弓引子
思之言三月而葬凡附於棺者必誠必信
不言大夫也蓋三月亦通禮矣曰今人以
速葬爲恝於親何也曰非也喪服小記曰

報葬者報虞報急速也不待三月而葬先
王且許之又何恝之與有爾雅曰鬼之爲
言歸也不歸於土猶旅人不歸於家其不
寧親以安可知也故律云惑於風水及託
故停柩在家經年暴露不葬者杖八十出
禮入律人子可不惕然懼乎若夫曠歲年
而若無事焉者是棄其親而已矣故釋名
曰葬不如禮曰埋不得埋曰棄　王氏復
禮曰葬不當貪風水也司馬溫公云今之
葬書迺相山川岡畝之形勢考歲月日時
之支干以爲子孫貴賤貧富妖壽賢愚皆

系焉舉世惑而信之於是喪親往往久而不葬問之曰歲月未利也又曰未有吉地也至有終身累世而不葬遂棄失尸柩不知其處者烏虖可不令人深歎憫哉夫先王制禮未葬不變服食粥居倚廬哀親之未有所歸也既葬然後漸有變除今之人背禮違法未葬而除喪從宦四方食稻衣錦飲酒作樂其心安乎人之貴賤貧富壽殀系於天賢愚系於人固無關預於葬就使皆如葬師之言爲人子者方當哀窮之際何忍不顧其親之暴露迺欲自營福利

邪吾家葬太尉公族人皆曰不詢陰陽此必不可吾兄伯康無如之何迺曰安得良葬師而詢之族人曰近村有張生者良師也兄迺召張生許以錢二萬曰汝能用吾言吾俾爾葬不用吾言將求它師張生曰惟命是聽於是兄自以己意處歲月日時及壙之深淺廣狹道路所從出皆取便於事者使張生以葬書緣飾之曰大吉以示族人族人咸悅無違異者今吾兄年七十九以列卿致仕吾年六十六忝備侍從宗族之從仕者二十有三人視它人之謹用

葬書未必勝吾家也前年吾妻死棺成而斂裝辦而行壙成而葬未嘗以一言詢陰陽家汔今亦無宅故吾嘗疾陰陽家立邪說以惑衆爲世患故爲諫官時嘗奏乞禁天下葬書當時執政莫以爲意今著茲論俾後之子孫葬必以時欲知葬具之不必厚視吾祖欲知葬書之不足信視吾家程正公云卜其宅兆卜其地之美惡非陰陽家所謂禍福也地之美者則神靈安子孫盛若培壅其根而枝葉茂理固然也地之惡者則反是然則曷謂地之美者土色之

光潤草木之茂盛迺其驗也父祖子孫同氣彼安則此安彼危則此危亦其理也而拘忌者惑於擇地之方位決日之吉凶不亦泥乎甚者不以奉先爲計而專以利後爲慮尤非孝子安厝之用心也楊誠齊云郭璞精於風水宜妙選吉地以福其身以利其子孫然璞身不免於刑戮而子孫卒以衰絶則是其說已不驗於其身矣而後世方且誦其遺書而尊信之不亦惑乎按沈石田過郭公墓詩云水走沙翻豈可居先生卜此意何如日中刼莫逃兵解天下人猶信葬書與誠齋命意正同黃勉齋與友人書云家兄

以爲蔡季通篤信風水卒無解於身竄子死之禍惟呂東萊眞是大賢見得甚明白黃梨洲云葬地之說君子所不道就其說而論之今凡三變每變而愈下周官之法無言形法者已爲變矣再變而爲方位形法理之顯者也方位理之晦者也三變而爲三元白法方位一定不易者也三元白法隨時改換者也其法卽歷書所載一白二黑三碧四綠五黃六白七赤八白九紫六十年爲一元三元凡一百八十上元起一白中元起四綠下元起七赤逆布以求

直年直年移入中宮順飛八方此卽太一家鈞宮直事也然太一百二十年爲一元三元計三百六十年今三元兩周太一之三元方一周其吉凶何所適從乎太一言天星今以言地理天星周流不息地理融結有常不可同也且年白改換吉凶亦改換充彼之說以求吉地必一年一改葬然後可是故方位者地理中之邪說也三元白法者又邪說中之邪說矣　徐氏乾學曰古者墓不擇地周官墓大夫職曰凡邦墓之地域爲之圖令國民族葬而掌其禁

令蓋萬民墓地同處墓大夫爲分其域亦如冢人以昭穆定位次而預爲之圖新死者則授之兆是故自天子以下七月五月三月踰月之期無或愆者惟宅兆已定而無所容其擇也獨孝經有云卜其宅兆而安厝之夫卜則有吉凶有棄取是亦擇矣疑與周禮之言不合不知世數無窮而地域有限子姓繁衍安能盡容其勢必至於改卜又從它國遷來者是爲別子始造塋亦須卜成子謂慶遺曰我死則擇不食之地而葬我焉正此類也豈後世人卜一邱

之謂哉自秦罷封建宗法不行族葬之禮遂廢去聖久遠邪說蝟起淫巫瞽史得簧鼓其閒漢武帝時聚會占驗創有所謂堪輿家班固藝文志五行家有堪輿金匱十四卷又形法家有宫宅地形二十卷葬書蓋萌芽於此而張平子冢賦述上下岡壟之象畧如今葬書尋龍捉脈之爲者至東晉郭璞專攻其術世迺依託爲青囊之書轉相熒惑其毒遂横流於天下唐太宗命吕才著論以深闢之竟不能止爲人子若孫者怵於禍福之說延葬師求吉壤剖析

地脈斟酌向背諏選年月日時貧者不能擇地富者擇之太詳於是祖父之體魄暴露中野有終身不葬累世不葬者昔司馬文正爲諫官奏乞禁天下葬書而張無垢律葬巫以左道亂政假鬼神時日以疑衆之辟蓋痛心疾首於世俗之所爲冀迷者之一悟也然自孝經有卜宅安厝之文雖程朱大儒亦以爲地不可不擇程子以土色光潤草木茂盛爲吉地之驗而又言五患當避五患謂他日不爲道路不爲城郭不爲溝池不爲貴勢所奪不爲耕犂所及也朱子云須形勢拱揖環抱無空缺處

迺可用但一鄉之地求其形勢環抱而五患永絶者何可多得昔晉有九原漢有北邙凡國家之冢墓萃焉今則高陵平原地盈數頃而葬師謂所乘者止一綫之氣僅容一人之棺餘皆爲彼法所棄而不用如此則舊冢未沒新冢日多安所得千百美地而給之吾故謂周官之法卽不可復而宋趙季明族葬之圖不可以不講也誠使季明之說行則兆域素定葬可如期惟數世之後地不能容迺始攺卜爲子若孫者禍福之念無所動於中則葬師不得操其

柄此拔本塞源之論可以矯俗而歸諸厚司邦教所當留意也　朱氏軾曰近世士大夫有累世數棺不葬者詰其所以則有三焉一曰家貧不能葬喪之需斂殯也未聞有因貧而委其親不斂不殯者亦既斂且殯矣何有於葬一曰不得葬地古者按圖族葬其地皆在國都之北夫何擇焉一曰時日不利禮三月而葬是不擇月也春秋九月丁巳葬定公雨不克葬戊午日昃迺克葬是不擇日也鄭葬簡公毀當路之室則朝而堋不毀則日中而堋是不擇時

也竊謂不葬之患有二其不可者有三古者塗殯以防火也久奄中堂固難防守厝之荒野又保無意外之虞乎其患一木受風則裂漆乾久則脫甚或蛀朽至於檢骨易棺子心其何以安其患二葬者藏也欲人之弗見也今有寶貴之物囊之篋之又從而扃鐍之未已也必藏之密室而後無患殯而不葬是緘寶而置之道路也人子愛親曾不如道路乎其不可者一始死而襲而斂而棺槨凡爲葬計也棺而不葬何異不棺不斂乎與其不葬也寧葬而裸其

不可者二既葬而虞以安之也不葬矣又何虞焉不虞則卒哭祔舉無所用之不葬者將不卒哭乎祔乎不祔乎祥而禫乎否乎服不除不祭禮也將蒸嘗之祀可終廢乎葬而後有虞主祥而後有練主主祔廟則遷其當祧之主而改承祀之名既不葬將終不遷乎其不可者三也今律有停柩之罰卒鮮舉行者若禮官申暴露之禁請於　朝著爲令有除服未葬者仕宦不授官生儒不與試授官者以某年月日成服某年月日安葬某所某年月日服除列於

狀仍取族隣及墓地人結狀其詭言已葬者事發以匿喪論連坐與結之人若士民許族隣首其罪庶乎人人知警矣

論既葬屢遷　楊氏暉吉曰近世泥陰陽之術恣富貴之求而不計先靈之安妥與否者以遷葬爲最夫人不忍其親體之未安也於是乎愼擇地避隰從原就燥防溼又恐朝市變遷泉石交侵不可前知此古人卜葬所以謀之龜筮也其後惑於堪輿之說尋龍指穴擇日諏時不顧停閣歲年惟慮身之不富貴後之不昌熾者既葬之

後或少不適意輒歸咎於墓地使然一遷
不已至於再三夫親體不安而子心獨能
安乎聖賢之教惟聞積德我德不積雖吉
地亦凶我德既積豈地所能制妄肆營遷
以泥於不可知之説是猶求食而舍其田
也吾見其屢遷而屢蹶者數數矣未見其
富益富而貴益貴也曰然則皆不可遷與
曰不然寄客歸里則宜遷防備崩潰則宜
遷知有水蟻則宜遷是皆爲親而非爲己
也大率以慎終爲要耳　吴氏榮光曰儀
禮喪服云改葬緦既制改葬之服則葬非

必不可改者然鄭注云改葬謂墳墓以它
故崩壞將亡失尸柩者賈疏云它故者謂
若遭水潦漂蕩之等然則非水潦漂蕩尸
柩將亡斷無因求謀吉地而改葬者蓋既
葬而改爲子孫者萬不得已之舉故宋政
和禮明會典皆云凡有改葬者皆具其事
目聞於官勘驗得實聽之亦以爲不當改
而改者禁也　國朝雍正十二年定例云
除民閒有將已葬棺槨依禮改葬者聽其
自便外其有偏信地師之說無故改葬地
方官須究出地師不得隱諱寬縱然則改

葬雖例所不禁而爲地師所惑至以先人骸骨求福利者則不孝之子孫固當與牟利之地師同從重論矣

南海九江朱氏家譜卷九終